Sonja Löbbert

Feng Shui für Powerfrauen

SONJA LÖBBERT

FENG SHUI für Powerfrauen

Harmonie und Energie in Beruf- und Privatleben

Wirtschaftsverlag Langen Müller / Herbig

Besuchen Sie uns im Internet unter
http://www.herbig.net

Schutzumschlag: Atelier Seidel, Altötting
Lektorat: Tanja Frei
Satz: Fotosatz Völkl, Puchheim
gesetzt aus 11/14,5 Punkt MetaPlus
Druck: Jos. C. Huber KG, Dießen
Binden: R. Oldenbourg, München
Printed in Germany
ISBN 3-7844-7421-7

Ich möchte dieses Buch
den bedeutenden Personen widmen,
die mich unterstützt haben.
Meinem lieben Mann Franz, der mir mit seinem
unerschütterlichen Glauben immer zur Seite stand,
meinen drei Kindern Christoph, Carolin und Markus,
die mir die emotionale Unterstützung gaben,
und meinen Eltern, die mir stets die Begeisterungsfähigkeit
für andere Sichtweisen im Leben vermittelt haben.
Prof. Dr. Jes Lim, der mir das fundierte Feng Shui-Wissen
vermittelt hat, und meinen Kunden,
die mir ihr Vertrauen geschenkt haben.

Inhaltsverzeichnis

Vorwort

風水

Smart, smarter, Feng Shui – so lautet die geheime Erfolgsformel für Frauen im bevorstehenden neuen Zeitalter der Frauen. Das „archaische" Weltbild der Männer wird im neuen Jahrhundert seine Gültigkeit verlieren, da sich Yin- und Yang-Charakteristiken im Universum allmählich verschieben.

Die Zeiten der Einflussnahme und Dominanz der Männer in allen Bereichen der Gesellschaft – vor allem in der Wirtschaft – gehen zu Ende und das männliche Machtgefüge bröckelt sichtlich. Heute sind zirka 13 Prozent der Führungspositionen mit Frauen besetzt. Tendenz: stark steigend. Diese Entwicklung kommt nicht von ungefähr, sondern geht Hand in Hand mit globalen Veränderungen der kosmischen Energien einher.

Ab dem Jahr 2008 wird das „Wassermann-Zeitalter" beginnen, dessen kosmische Yin-Energien nach alten chinesischen Kalendern die Frauen und deren besonders ausgeprägten intuitiven Fähigkeiten (Sozialkompetenz) deutlich zugute kommen wird. Frauen als Staats- und Regierungsoberhäupter oder auch Vorstandsvorsitzende großer Konzerne wird es dann noch häufiger geben. Die in Zukunft maßgeblichen Führungskriterien werden lauten: Vertrauenswürdigkeit, Ehrlichkeit,

Gerechtigkeitssinn, Sozial- und Zukunftskompetenz, Verantwortungsbewusstsein, Diplomatie, Durchsetzungsvermögen, emotionale Intelligenz, Effektivität, Erscheinungsbild – bei alldem werden Frauen ihre männlichen Kollegen überrunden. Nach neuesten empirischen Erhebungen werden erfolgreiche Führungskräfte besonders durch die weichen Faktoren, die so genannten Soft Skills, gekennzeichnet. Dazu gehören Intuition, Charisma und Ausstrahlung, Optimismus und Mut, Visions- und Überzeugungskraft und die Fähigkeit, zum richtigen Zeitpunkt die richtigen Prioritäten zu setzen.

Erfolgreiche Frauen kombinieren ihre weiblich-intuitiven Qualitäten mit „typisch männlicher Rationalität" und bilden somit eine unschlagbare Kombination. Der neue Mann ist eine „Frau". Erst kürzlich titelte eines der renommiertesten Wirtschaftsmagazine in Deutschland mit der längst fälligen Frage „Haben wir die falschen Manager?". Wir leben in Zeiten schrumpfender Gewinne, scheiternder Fusionen und sinkender Kurse. Sind die Manager mit ihrem rationalen Latein am Ende? Oder sind zukünftig einfach mehr Yin- als Yang-Qualitäten im Management gefragt?

„Stellen Sie eine Frau ein!" – so lautet der neueste Trend bei führenden amerikanischen Consultingfirmen, die auf neueste Studien verweisen, dass Frauen einfach die besseren Führungskräfte sind. Die Schwerpunkte verlagern sich, alles steht im Zeichen des sich ganz allmählich vollziehenden kosmischen Wandels, sodass Männer und Frauen nach Gleichberechtigung und Harmonie in allen Bereichen des Lebens streben werden.

Noch fehlt vielen Frauen das Selbstbewusstsein und Selbstwertgefühl, weil sie ihre wahre Berufung und ihre verborgenen weiblichen Fähigkeiten kaum kennen beziehungsweise nicht optimal zu nutzen wissen.

Smartes Management durch Energiebalance beeinflusst in Zukunft als wesentliches Erfolgskriterium das Wirtschaftsleben. Die fernöstliche

Energielehre von Wind und Wasser hilft auf ganzheitliche und natürliche Weise die persönlichen intuitiven Kräfte der Frau zu harmonisieren und nachhaltig zu stärken. Die entscheidenden Erfolgsfaktoren lauten: intuitives, weibliches Energie-Know-how am richtigen Ort und zur richtigen Zeit nutzbringend einsetzen. Dafür können alle sichtbaren Register gezogen werden und – darum geht es in diesem Buch – auch die unsichtbaren beziehungsweise subtilen Register. Die feinen Energieströmungen des Umfeldes richtig zu erkennen, zu deuten und effektiv für eigene Ziele zu nutzen, ist die hohe Kunst des intuitiven Managements. Schwächen werden als energielose beziehungsweise negative Schwingungen betrachtet, die es in Stärken umzuwandeln gilt.

Stimmt Ihre persönliche Energie-Balance? Fühlen Sie sich in Ihrem Element? Wie hoch stufen Sie Ihren Wohlfühlfaktor ein? Ist möglicherweise Ihre „Tiger-Seite" deutlich geschwächt? Viele Frauen fühlen sich oft blockiert, überfordert, eingeschüchtert, gestresst, lustlos, ängstlich, unwohl, können aber keine spezifischen Gründe nennen. In der Feng Shui-Lehre liegen die Ursachen solcher Beschwerden in den Energieblockaden im Wohn- und Arbeitsumfeld, denn das Umfeld prägt den Menschen physisch und psychisch.

Energy-Balancing ist daher die ganzheitlich natürliche Harmonie für sich selbst, für die Gesundheit, für Partnerschaft und Familie, für die Lebensplanung und für das Berufsleben durch sinnvollen Umgang eben mit mit den natürlichen Energien.

Feng Shui soll hier als ganzheitliche Energieakupunktur von Raum, Körper, Geist und Seele wirken, es lässt Sie Ihre Energieblockaden gezielt erkennen und lösen und fördert somit Ihre wahren intuitiven Fähigkeiten, Qualifikationen und Leistungspotenziale. Nutzen Sie die zahlreichen, jahrtausendealten Gesetzmäßigkeiten der Natur und gelangen Sie im Einklang mit Ihrem natürlichen Potenzial zum persönlichen Erfolg. Verschaffen Sie sich durch das richtige Umfeld die Basis für ein gesundes, harmonisches und erfolgreiches Leben!

Die Autorin vermittelt Ihnen als Feng Shui-Beraterin einen ersten, tieferen Einblick in die wahren Geheimnisse des ganzheitlichen Energie-Managements und wünscht Ihnen viel Glück, Harmonie, Gesundheit und Erfolg!

typisch weiblich = typisch erfolgreich

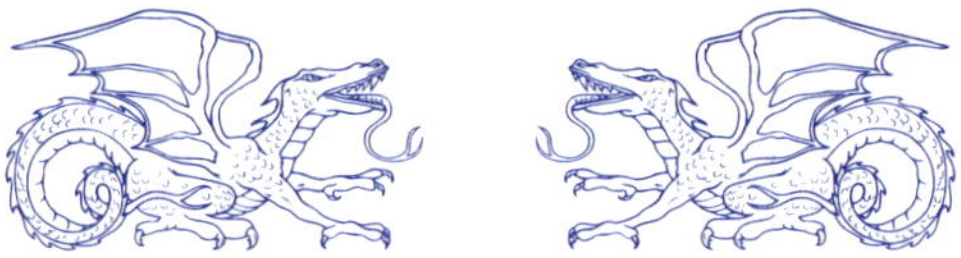

Kapitel 1

Feng Shui – die Matrix der Natur

Feng Shui – eine alte chinesische Harmonielehre

風水

Panta rei – alles fließt. Schon vor etwa 4000 Jahren beobachteten die Chinesen die Kräfte der Natur wie Wind und Wasser und ihre direkten und indirekten Auswirkungen auf den Menschen. Die Naturkräfte Wind (chinesisch Feng) und Wasser (chinesisch Shui) dienen als Oberbegriffe für einen kleinen erforschten Teil der komplexen Zusammenhänge unseres Universums im Hinblick auf unsere natürlichen Lebensbedingungen. In China begannen in dieser Zeit so genannte Feng Shui-Meister die Naturgesetze und deren Wirkungsweise auf den Menschen und seine unmittelbare Umgebung zu erforschen.

Diese chinesischen Begriffe Feng (Wasser) und Shui (Wind) beschreiben – als zwei lebenswichtige Energieträger – die seit Jahrtausenden überlieferte und ständig verfeinerte chinesische Energie- und Harmonielehre der Natur, die unsere Lebenskraft (die Chinesen nennen sie Ch'i) aktivieren und harmonisieren soll. Das Lebenselixier Wasser und der Wind (sprich: Sauerstoff) im Wechselspiel der Natur sorgten früher wie heute für Energie, Nahrung und Leben. Wasser und Wind hatten auf die Menschen und Umwelt jedoch nicht nur positive, sondern auch schädliche Konsequenzen: Die chinesischen Bauern waren den Naturkräften quasi hilflos ausgeliefert. Nur im Einklang mit der Natur beziehungsweise den natürlichen Rahmenbedingungen konnten sie überleben und langsam Fortschritte erzielen.

Am Verlauf des Wassers, zum Beispiel eines Flusses, nach den Windströmungen, den Landschaftsformen, dem Pflanzenwuchs sowie am Verhalten der Tiere orientierten sich die Menschen früher bei der Wahl ihrer Schlaf- und Wohnstätten. Die drei wichtigsten Grundbedürfnisse der Menschen – Luft (Sauerstoff), Wasser und Nahrung – mussten ohne technische Hilfsmittel geortet werden. Das Leben im Einklang mit den Gesetzen der Natur war für die Menschen Grundvoraussetzung. Jeder chinesische Architekt fühlte sich für die Harmonie der Kräfte zwischen Erde und Luft verantwortlich und wählte vor dem Hausbau sorgfältig einen geeigneten Bauplatz. Die Baumeister wussten sehr wohl, dass neben dem Sichtbaren und Dingen auch unsichtbare natürliche Kräfte und Energien in unterschiedlicher Art und Intensität auf sie einwirkten. Allen Dingen dieser Welt wurden mehr oder weniger lebendige Erscheinungszustände zugeschrieben. Ähnlich wie die chinesische Kultur verfügen auch viele andere Kulturen über ein ausgeprägtes ganzheitliches Weltbild, das nicht zwischen lebender und toter Materie unterscheidet. Auch vermeintlich tote Materie hat eine gewisse Schwingung und wird so „lebendig". Im Prinzip ist dies alles nur eine Frage der Wahrnehmung beziehungsweise Negierung dieser Naturphänomene. In diesen alten Kulturen waren die Menschen durch ein immanentes Wissen imstande, zu glauben, dass alle Lebewesen der Erde durch gemeinsame Energiefelder verbunden sind. Ein mittlerweile bekanntes Beispiel sind die so genannten Traumpfade der australischen Aborigines. Nur mit einer besonderen, übersinnlichen Befähigung oder mentalen Ausbildung konnten Einzelne diese Besonderheiten erkennen und deuten.

Im alten Reich der Mitte gehörte das Wissen um die Existenz unterirdischer Flussläufe (anders als zu jener Zeit in Europa) zur so genannten Allgemeinbildung. Diese subirdischen Flussläufe bezeichnete man als „Drachenadern“. Die Erde war für die Chinesen keine Anhäufung von Steinen, Felsen und toter Materie, sondern ein lebendiger Körper. Die Flüsse, die mitunter an der Oberfläche erscheinen und dann wieder verschwinden, beschrieben chinesische Gelehrte so: „Sie dienen, ähnlich wie der Blutstrom der Tiere, dazu, Unreinheiten aus dem Körper der Erde zu entfernen.“ In einer Beschreibung von Chen Su-Hsiao aus dem Jahre 1332 nach Christus heißt es: „Unter der Erdoberfläche gibt es wechselnde Schichten von Erde und Felsen einerseits und fließendes Wasser anderseits. Darunter (unter den Schichten) liegen Gaslager, die in Zehntausenden Verzweigungen, Adern und Verästelungen ausgebreitet sind.“ Der chinesische Gelehrte kommt zu dem Schluss: „Der Körper der Erde ist wie der eines menschlichen Wesens.“

Der Makrokosmos spiegelt sich im Mikrokosmos und umgekehrt. Die Ordnung des Universums ist bis ins allerkleinste Detail und die winzigste Zelle ein Wunder der Schöpfung. Besonders die Chinesen verstanden es in ihrer naturverbundenen, ganzheitlichen Betrachtungsweise, Gesetzmäßigkeiten der Natur zu instrumentieren und sich somit nutzbar zu machen.

Die Häuser der alten chinesischen Architekten waren sprichwörtlich lebendig. Das Haus symbolisierte ein Abbild des menschlichen Körpers (dazu später mehr). Diese ganzheitliche Betrachtung ist in Anlehnung zur Traditionellen Chinesischen Medizin (TCM) zu sehen.

Wir unterscheiden zwei Dimensionen unserer Wahrnehmung: die sichtbare und die unsichtbare. Beide sind existent, aber subjektiv nicht immer wahrnehmbar. Auch unserer Umfeld verfügt wie wir über ein körperlich-seelisches Wesen. Beispielsweise können Bakterien und Viren mit dem menschlichen Auge nicht wahrgenommen werden. Nur mithilfe eines Mikroskops können diese Existenzen dokumentiert werden.

Die hohe Kunst der Menschen früher wie heute war es, diese Energieströme und unsichtbaren Kräfte, ihre Herkunft, Funktionen, Intensitäten und ihren Verlauf, zu erkennen, diese Energien zu harmonisieren und somit möglichen Schaden abzuwenden. Einige dieser Kräfte und kosmischen Energien konnten durch Geomantie und Radiästhesie zwischenzeitlich auch wissenschaftlich nachgewiesen werden.

Bekanntlich wurde auch beim Bau von Kirchen und anderen heiligen Stätten sowie großen Bauwerken nichts dem Zufall überlassen. Alte Kathedralen stehen grundsätzlich auf Kraft- beziehungsweise Energieplätzen und auch architektonische Besonderheiten, wie Raumordnungen, Haupteingangstür, Platzierung der Bänke und vieles mehr, wurden nach diesen ganzheitlichen Erkenntnissen gestaltet. Viele alte Kulturen lebten sehr sensibel im Umgang mit der Natur und ihren Naturgesetzen. So wurden alte römische Bauwerke genau in Nord-Süd- und Ost-West-Richtung nach geomantischen Netzen errichtet. Die Menschen respektierten die Kräfte der Natur, nichts wurde dem Zufall überlassen.

Dieses bis heute noch recht konturenhafte Mosaik unseres Universums setzt sich zusammen aus einer Vielzahl unterschiedlichster und komplexer „Systembausteine“, die ständig durch Überlieferungen chinesischer Feng Shui-Experten verfeinert und optimiert worden sind.

In der Vergangenheit wurde die Feng Shui-Lehre immer wieder von unterschiedlichen Regimen entweder besonders gefördert oder unterdrückt. Um 900 nach Christus etablierte der Feng Shui-Meister Yang Yunsung die Landschafts- und Formschule in der Provinz Kwangsi, die sich mit den so genannten „sichtbaren Einflüssen“ und deren Auswirkungen auf den Menschen beschäftigte. Etwa 50 Jahre später gründete Wang Chih die Kompassschule in der Provinz Fukien, die es sich zur Aufgabe machte, die kosmischen Gesetzmäßigkeiten zu erforschen und dabei vorrangig die „unsichtbaren Phänomene“ der Natur zu berücksichtigen.

Alles im Feng Shui hat eine tiefere Bedeutung, es ist jederzeit logisch nachvollziehbar und gewinnt heute umso mehr elementare Bedeutung für viele Problemstellungen unserer Zeit.

Die Harmonielehre „Feng Shui" heute

Die Weltklassestadt Hongkong repräsentiert als Aushängeschild der Moderne den Erfolg von Feng Shui. Mit großem Respekt vor der Tradition wird selbst heute – im 21. Jahrhundert – kein Haus ohne die Zustimmung eines Feng Shui-Meisters errichtet. Bekanntestes Beispiel: die Zentrale der Hong Kong-Bank.

Europa befindet sich bis heute nur im Mittelfeld der Feng Shui-Weltliga. Die Europäer kennen Feng Shui vornehmlich als Einrichtungsphilosophie beziehungsweise Wohnraumgestaltungsvariante mit asiatischen Akzenten. Noch sind es vorrangig Insider und einige erfolgreiche Global Player-Konzerne, die Feng Shui erfolgreich und wirksam nutzen. Aber die Zahl derer, die die Feng Shui-Qualitäten im Businessbereich kennen und schätzen lernen, steigt rasant an. In weiten Teilen des asiatischen Wirtschaftsraums wird Feng Shui in der kommerziellen Nutzung gezielt und erfolgreich eingesetzt. Man könnte es als „Wirtschaftselixier" bezeichnen.

Mit wachsender Technisierung und Digitalisierung ignorieren wir zunehmend dieses jahrtausendealte Erfahrungspotenzial in unserem Alltag. Anstatt die architektonische Perfektion der Natur in der heutigen Architektur wie unsere Vorfahren zu kopieren, versuchen sich viele Architekten mit immer extremeren, disharmonischen Architekturplänen zu verewigen.

Als moderne Raum- und Unternehmensakupunktur, die auf eine 4000 Jahre alte Tradition verweisen kann, vermittelt Feng Shui natürliche Lösungen für viele Fragen und Probleme des heutigen Privat- und Wirtschaftslebens. Anhand des architektonischen Korsetts eines Wohn- beziehungsweise Geschäftsgebäudes können Feng Shui-Experten bestimmte gesundheitliche und wirtschaftliche Faktoren im Vorfeld erkennen und beheben. Bis zu 300 Mängel nach umfangreichen Analysen von Bürogebäuden und Einrichtungen durch Feng Shui-Experten sind keine Seltenheit. 80 Prozent aller Bürokomplexe haben sowohl in den Räumen wie im Mauerwerk und der Fassade ein schlechtes Feng Shui. Dieses trifft in hohem Maße auch für Produktionsbereiche zu, die in vielen Fällen alles andere als ein optimales, leistungsförderndes und ausgewogenes Arbeitsumfeld für die Mitarbeiter bieten können. Letztendlich, und darum geht es schließlich, schlagen sich solche Faktoren immer auf die Effizienz und Motivation der Belegschaft nieder.

Feng Shui soll das allzu häufig unterdrückte Feingefühl der Menschen für die übergeordneten Kräfte und komplexen Zusammenhänge im Wirtschaftsalltag fördern und sensibilisieren. Aussagen wie „Ich folgte meiner Intuition und tat das Richtige" haben Seltenheitswert im heutigen Management.

Wer aber folgt heute noch seinem natürlichen menschlichen Instinkt oder seiner reinen Intuition? Mit wachsender Industrialisierung, Standardisierung und Volks- beziehungsweise Betriebswirtschaftslehre treten diese natürlichen Erfahrungswerte bei der Wahl des Partners, einer Wohnung, des Berufs und des Büro- beziehungsweise Unternehmensstandorts in den Hintergrund. Die hohen Scheidungs- und Insolvenzquoten und ähnliche Problemfelder sprechen für sich.

Öffnen Sie Ihre Augen, lassen Sie Ihren natürlichen Instinkten freien Lauf und scannen sie „vierdimensional" Ihr unmittelbares Wohn- und Arbeitsumfeld nach Störquellen und negativen Energieströmungen. Schwimmen Sie nicht gegen den Strom der natürlichen Energien und Kräfte, sondern versuchen Sie im Einklang mit dem Energiefeld, das Sie umgibt, persönliche Höchstleistungen zu erzielen. Jeder Mensch als kleines Rädchen in unserem „energetischen" Universum findet durch Feng Shui seine Idealkonfiguration für ein harmonisches Leben und erfolgreiches Wirken. Namhafte Topkonzerne und berühmte Menschen, die schon nach Feng Shui leben und sich beim Arbeiten danach orientieren, sind auf der ganzen Linie erfolgreicher und zufriedener. Schon in der Bibel steht sehr zutreffend eine interessante Bemerkung in diesem Zusammenhang: „Der Herr gibt es den Seinen im Schlaf."

Der Energiegedanke ist der zentrale Punkt der Feng Shui-Lehre. Einfach alles ist Energie, gleich ob körperliche, geistige oder physikalische Kräfte. Energie ist Kraft, Power und somit Macht, sie ist überall präsent und entscheidet letztendlich über Erfolg oder Misserfolg. Diese Theorie hat Gültigkeit bis hin zum kleinen Einmaleins des täglichen Geschäftslebens. Was würde denn in einem Unternehmen passieren, wenn kein Strom verfügbar wäre? Nichts! Neben den sichtbaren Naturkräften wie Wind- und Wasserkraft existieren auch einige unsichtbare kosmische Kräfte (Ch'i) beziehungsweise Energieströme. Diese kosmischen Kräfte werden vielfach ignoriert. Viele Störungen im Alltag lassen sich bei genauer Analyse auf Energieblockaden zurückführen.

Feng Shui hat zum Ziel, Energieblockaden und die daraus resultierenden negativen Energieströme zu harmonisieren und positiv zur Steigerung ungenutzter Leistungspotenziale für sich zu nutzen.

Ein interessanter und wohl passender Vergleich aus der Medizin unterstreicht die unterschiedliche Denkweise zwischen der westlichen und der asiatischen Welt: Im Vergleich zur westlichen Welt versuchen die Chinesen den Ursachen auf den Grund zu gehen und ganzheitliche Analyse- und Lösungsansätze zu finden. Das, was unter anderem die Akupunktur nach TCM beim Menschen für die Gesundheit und das Wohlbefinden bewirkt, ist mittlerweile unumstritten und medizinisch anerkannt. Viel zu lange stand die westliche Welt dieser alten chinesischen Heilkunst kritisch gegenüber. Erst in den Siebzigerjahren des vergangenen Jahrhunderts konnte die Akupunktur – zunächst in den USA und mittlerweile auch in Europa – ihren Siegeszug antreten.

Es existieren kaum komplexere Systeme als der menschliche Organismus auf unserem Planeten. Durch den menschlichen Körper fließen zahlreiche Energiebahnen. Diese Energiebahnen, auch Meridiane genannt, sind für den Energiehaushalt des Körpers verantwortlich. Jeder Meridian ist einem Organ zugeordnet. Störungen der Meridiane, sprich: Energieblockaden, führen früher oder später zu Krankheiten.

Bei der ganzheitlichen Akupunktur werden bestimmte Punkte auf den Meridianlinien mit Nadeln stimuliert, was direkte Auswirkungen auf das entsprechende Organ hat. Voraussetzung für eine erfolgreiche Akupunktur beim Menschen ist die genaue Kenntnis der Zusammenhänge dieser ganzheitlichen Wissenschaft. Feng Shui geht ähnlich wie die Akupunktur auf eine ganzheitliche Weise an den Menschen und sein direktes Wohn- und Arbeitsumfeld – bis ins letzte, unsichtbare Detail – heran. Das räumliche Umfeld und die daraus resultierenden Energieflussblockaden werden von Feng Shui-Beratern berechnet und ermittelt, analysiert und gezielt stimuliert. Die Erfolge dieser Feng Shui-Maßnahmen sprechen für sich.

Unser Leben wird also um eine ganz entscheidende Komponente erweitert: um das „Energie-Management". Ein Beispiel aus der Wirtschaft: Um ein Optimum an Effizienz zu erzielen, sind 100 Prozent des Leistungspotenzials aller Mitarbeiter erforderlich. Dieses Potenzial ist aber nur zu erreichen, wenn das Management es versteht, im Unternehmen jedem Mitarbeiter ein positives, förderliches, energetisches Umfeld zur Verfügung zu stellen. Menschen sind keine Maschinen. Deshalb benötigt der Mensch für ein hohes Leistungsniveau auch ein optimales Arbeits- und Energieklima. Diese natürlichen Kräfte zu erkennen und zu akzeptieren ist eine zwingende Voraussetzung für das Management, es muss diese uns ständig umgebenen Kraft- und Energieströmungen bündeln und nutzbar gestalten. Diese Zusammenhänge der Energielenkungs- und -verteilungslehre kristallisieren sich zunehmend als Basiswissen für das Management der Zukunft heraus, das zwar jeder intuitiv kennt, aber kaum einer zu nutzen weiß.

Feng Shui ist, auf einen kleinen Nenner gebracht, eine der ältesten, ausgereiftesten und auch geheimnisvollsten Architekturformen mit einer geheimnisvollen Psychologie des Raumes. Das auf naturwissenschaftlicher Erfahrung beruhende Know-how von Feng Shui erweist sich besonders heute als aktueller und wirkungsvoller denn je.

Die große Kunst in unserer heutigen, rein erfolgsorientierten Gegenwart lautet – vor allem für Frauen – „Energie-Balance". Balance zwischen Beruf und Privatleben, zwischen Entspannung und Fitness, zwischen Partner und Kindern.

Erfolg im Beruf garantiert noch längst kein Glück im Privatleben und erst recht nicht die persönliche Gesundheit. Allzu häufig leben unsere heutigen Topmanager in Scheidung oder zweiter, dritter Ehe oder Beziehungsaffären. Der Grund hierfür: zu einseitige Konzentration!

In dem heutigen postmodernen Zeitalter steigt die Zahl arbeitsplatzbedingter Gesundheitsbeeinträchtigungen und auch die Unzufriedenheit vieler Mitarbeiter kontinuierlich, da eine ganzheitlich angedachte, menschengerechte Ergonomie am Arbeitsplatz nach wie vor vernachlässigt wird.

Frauen, die eine entsprechende Sicht für die übergeordneten Dinge des Lebens erreicht haben und sich mit Feng Shui auseinander setzen beziehungsweise erste Erfahrungen gesammelt haben, sind auf der ganzen Linie motivierter, vitaler und dynamischer, arbeiten effizienter und führen ein ausgeglicheneres Privatleben. Dabei sind sie ihren Kollegen häufig um Längen voraus. Nicht umsonst sucht Intelligenz wie Wasser immer den Weg des geringsten Widerstands. Feng Shui trennt die Spreu vom Weizen.

Letztendlich sollten wir uns immer vor Augen halten, dass doch die Natur seit Menschengedenken die größte und älteste Lehrmeisterin der Menschheit ist, deren Matrix durch die moderne Wissenschaft und

Forschung ständig neue Erkenntnisse als Vorlage für die neuesten, ausgefeilten technischen Entwicklungen liefert. Die Natur ist Vorbild unserer heutigen „künstlichen Schöpfung“, also warum trauen wir in solch grundsätzlichen Dingen heute der „Kopie“ mehr zu als dem „Original“?

Je höher der Technisierungsstandard und je geringer unser natürliches Umfeld wird, desto größer werden die menschlichen Bestrebungen nach natürlichem Ausgleich.

Jeder Mensch ist unzertrennlich mit dem Rhythmus der Natur verbunden und somit sollte jeder versuchen, die Kräfte der Natur zu erkennen, zu akzeptieren und sinnvoll für sich zu nutzen.

Tai Chi – ganzheitliche Betrachtungen aller Dinge

Das Tai Chi-Zeichen symbolisiert das Universalgesetz des „Tao“: Alles befindet sich im steten Wandel. Fortschritt, Bewegung und das Fließen von Energie setzen voraus, dass mindestens zwei gegensätzliche Kräfte harmonisch zusammenwirken. Alle Naturgesetze basieren auf diesem Polaritätssystem, dem natürlichen Gleichgewicht der Kräfte. Das Prinzip der Anziehungskräfte der jeweiligen Gegensätze hält alle Prozesse im Universum in Schwingung.

Yin- und Yang-Kräfte werden als die zwei Ursprungsenergien des Universums bezeichnet. Dieses Paar der Gegensätze ermöglicht erst Kontraste wie Tag und Nacht, Sonne und Mond, Hitze und Kälte, die einander ablösen. Yin und Yang wirken in einem kontinuierlichen Zustand des Gleichgewichts und des Wandels. Am Gipfel von Yin steigt Yang auf und Yin wieder ab. Und umgekehrt steigt am Gipfel von Yang Yin auf und Yang wieder ab. Immer wieder und unaufhörlich wie der Tag und die Nacht, das Einatmen und Ausatmen eines jeden Lebewesens, männlich und weiblich, um nur einige Beispiele zu nennen. Auch Ebbe und Flut, das Wechselspiel von Sonne und Mond im 24-Stunden-Rhythmus lassen unterschiedliche vitalisierende oder stagnierende Kräfte auf die Menschen wirken. Die unterschiedlichen Auswirkungen von Vollmondnächten mit zum Beispiel überhöhten Kriminalitäts- und Verkehrsunfallquoten im Gegensatz zu Neumondnächten belegen, wozu diese unsichtbaren Kräfte, die auf die Menschen und die Natur wirken, in der Lage sind. Die gesamte digitalisierte Welt, die heutige Computertechnik, basiert auf den gegenseitigen Polen Plus (1) und Minus (0).

Alles in unserem Universum hat entweder Yin- oder Yang-Kräfte. Yin ist die weibliche und Yang die männliche Ursprungsenergie. Häufig wird Yang auch mit Energie und Yin mit Materie gleichgesetzt. Diese beiden Energien sind, wie gesagt, ständig um Ausgleich bemüht. Geraten diese beiden Kräfte in ein starkes Ungleichgewicht, sind Streitigkeiten und Differenzen in der Partnerschaft, eine ungute Atmosphäre in der Wohnung oder Probleme im Beruf die Folge. Das Leben besteht aus einer Interaktion dieser beiden Variablen. Yin wird benötigt, um das Yang auszurichten.

Es gibt Unternehmen und Räume, die durch ihre Raumstrukturen, Einrichtungsprofile, Farbgestaltungen entweder einen deutlichen Yin- oder aber Yang Überhang besitzen.

Die Yin- und Yang-Theorie bringt auch die unterschiedlichen Denkweisen von östlicher und westlicher Kultur auf den Punkt. Während sich bei der westlichen Weltanschauung alles um Materie dreht, versucht man in Asien die Ursache von Problemen oder Krankheiten direkt zu behandeln. Die Chinesen harmonisieren und heilen durch energetische Stärkung des jeweiligen Gegenpols. Auch wenn diese Gedankengänge unserer westlichen Philosophie in vielen Dingen nicht entsprechen, so können wir doch von diesen bewährten asiatischen Grundlagen sehr viel lernen. Eine Symbiose beider Kulturen käme dem Ideal sicherlich am nächsten.

Im Geschäftsbereich sollte unbedingt auf eine Harmonisierung von Yin- und Yang-Energien geachtet werden. Denn zu viel Yin in einem Unternehmen äußert sich beispielsweise in Kapitalverlust. Gerade im Geschäftsleben können stark einseitige Strategien, wie zum Beispiel eine jahrelange überdurchschnittliche Expansionspolitik ohne Rücksichtnahme auf eine angemessene Konsolidierungsphase, dem Unternehmen existenzbedrohende Liquiditätsengpässe bereiten. Auch hier ist auf die Bilanz, das kaufmännische Gleichgewicht zwischen Aktiva und Passiva jeweils zu achten.

Alles im Leben, was einseitig entweder dauerhaft übertrieben oder stark vernachlässigt wird, führt unweigerlich zu Komplikationen oder Rückschlägen.

Ziel des Feng Shui ist es daher, diese Yin- und Yang-Zustände auszugleichen und zu harmonisieren.

Einige Beispiele zur allgemeinen Unterscheidung von Yin und Yang

Yin	**Yang**
weiblich	männlich
Nacht	Tag
schwarz	weiß
Winter	Sommer
Südpol	Nordpol
Kälte	Hitze
passiv	aktiv
Schwäche	Stärke
Stillstand	Bewegung
unten	oben
rund	spitz
innen	außen
Erde	Himmel
Mond	Sonne

hell	dunkel
1. Obergeschoss	Erdgeschoss
horizontal	vertikal
Wasser	Feuer
Holz	Metall
Ruhe	Bewegung
gerade Zahl	ungerade Zahl

Yin- und Yang-Beispiele zum Vergleich aus dem Geschäftsleben

Yin	**Yang**
Gefühl	Verstand
Intuition	Wissen
Unterbewusstsein	Bewusstsein
Werbung	Vertrieb
Personal	Produktion
Marketing	Management
PR/Öffentlichkeitsarbeit	Finanzen
traditionell	innovativ
Materie	Energie
Pflanzen	Computer

Diese Tabellen zeigen auch, dass die „typisch weiblichen" Attribute zunehmend unser Zeitalter beherrschen werden. Nicht von ungefähr haben Frauen das Managementtalent der Zukunft, denn mit ihrer angeborenen Intuition und ihrem ganzheitlichen, mütterlichen Feeling bauen sie geistige Brücken statt Mauern in den Köpfen der Menschen, mit denen sie zu tun haben.

Die Symbole Yin und Yang steht für den kontinuierlichen Fluss aller Dinge, mal zunehmend viel, dann abnehmend wenig. Diese Auf-und-ab-Entwicklungen gelten für alle Bereiche des Lebens, egal ob im Beruf, in der Partnerschaft oder im gesundheitlichen Bereich. Nur der Zeitfaktor, also die Dauer und Intensität der einzelnen Phasen, bleibt immer wieder die große unbekannte Variable: In welcher Phase befinde ich mich und wie lange dauert diese Phase noch an? Wann ist der Höhepunkt erreicht oder wurde er möglicherweise schon überschritten? Wie sagt der Volksmund: Wenn es am schönsten ist, dann sollte man aufhören? Nicht jeder Mensch besitzt die Gabe, den höchsten Punkt zu erkennen und dann entsprechend zu reagieren.

Für die moderne Frau bedeutet diese Philosophie der Yin- und Yang-Balance die Konzentration auf das Wesentliche, die innere Mitte, den Mittelpunkt des geistigen und körperlichen Gleichgewichts anzustreben. Wer dies erkennt und sich dem Fluss des Lebens anvertraut, kann zur ganzheitlichen Zufriedenheit im Hier und Jetzt finden.

Kraftstoff „Ch'i-Energie"

Für den Begriff Ch'i gibt es im europäischen Sprachgebrauch keine präzise Übersetzung. Die Übersetzung „kosmische Lebensenergie" kommt dem chinesischen Begriff am nächsten, der von den alten Chinesen symbolisch als leerer Kreis die feinstofflichen Energien des Universums abbildet.

Die kosmische Lebensenergie Ch'i ist die Kraft im Universum, die alles in Schwung hält. Jede Aktion und Reaktion im Universum beruht auf dieser Urenergie. Wer versucht, die Schwingungen der Lebensenergie Ch'i bewusst wahrzunehmen, und weiß, wie das Ch'i fließt und wie diese für den persönlichen und beruflichen Erfolg so wichtigen und vorteilhaften Kräfte harmonisiert und nutzbar gestaltet werden können, profitiert von ungeahnten Möglichkeiten.

Die Dualität von Yin und Yang erzeugt das Ch'i, das unser Universum mit Leben und ständig fließender Energie erfüllt. Ch'i fließt wie Wasser immer vom hohen zum niedrigen Potenzial. Alles fließt und ist Energie beziehungsweise befindet sich in Schwingung. Jedes Wesen, egal ob

Mensch, Tier oder Pflanze, verfügt über einen eigenen Biorhythmus. Auch Materien und Gegenstände ,wie zum Beispiel ein Tisch oder Stuhl, „schwingen“ in unserem komplexen Energieumfeld. Alles hat zwei Pole und erzeugt wiederum positive oder negative Schwingungen. Die Tatsache, dass die gesamte Materie, natürlich auch der Mensch, rhythmischen Schwankungen und Schwingungen unterworfen ist, ist mittlerweile wissenschaftlich gesichert.

Ch'i ist Bindeglied zwischen Körper und Geist, aber auch zwischen Materie und Geist. Diese Lebenskraft ist Urkraft, die Kraft unserer Seele und somit unserer Emotionen. Die Wahrnehmung, das Wissen um die Hintergründe unserer Urkraft Ch'i und der daraus resultierende richtige Umgang mit diesen Energien verhelfen auch in der heutigen modernen Berufswelt jedem zu ungeahnten Fähigkeiten.

Das Ch'i (Sauerstoff), auch Ki, Qi oder Qui genannt, stellt den Mittelpunkt sämtlicher Feng Shui-Überlegungen dar, weil es unsere ureigene Lebensenergie repräsentiert.

Ch'i-Energie ist eine messbare Größe, wie bei Untersuchungen in einem österreichischen Labor 1996 bewiesen werden konnte.

Diese Lebensenergie, Ch'i, die jedes Wesen zum Schwingen unbedingt benötigt, soll durch ausgleichende Feng Shui-Maßnahmen harmonisiert beziehungsweise verstärkt werden. Im Chinesischen und somit auf der ganzen Welt ist das Ch'i weiblich und der Sauerstoff männlich (vgl. Yin- und Yang-Tabellen auf S. 26/27).

**Ch'i + Sauerstoff ergibt in der Symbiose
kosmische Lebensenergie = Leben.
In erster Linie ist Sauerstoffmangel die Wurzel
aller kosmischen Krankheiten.**

(Prof. Dr. Jes T. Y. Lim)

Jeder Mensch weiß: Wenn er ungefähr drei Minuten nicht atmet, stirbt er. Atmen ist für den Menschen und jedes Wesen pure Power und Energie.

80 Prozent der Menschen atmen falsch, völlig unbewusst und viel zu flach, und wissen überhaupt nicht, welch schädliche Wirkungen das auf Dauer für ihre Gesundheit bedeuten kann. Der Atem verbindet den Körper des Menschen mit der Seele. Das richtige Atembewusstsein fehlt im heutigen Berufsalltag völlig. Der Atem wird nicht wahrgenommen, häufig ist er sogar durch negative Kindheitserlebnisse, wie zum Beispiel schwierige Geburt oder Trennung von den Eltern in der Kindheit, gestört. Das verringerte Atemvolumen reduziert ein Stück weit Lebensenergie, die Ihre Leistungsfähigkeit beeinträchtigt. Atmen Sie mehrmals am Tag draußen ganz tief und kräftig, aber auch bewusst durch („in den Bauch“) und Sie werden sich auf Anhieb besser und leistungsfähiger fühlen. Werden Sie sich der Wichtigkeit des Atems bewusst.

Der Ch’i-Fluss unterliegt ganz bestimmten Naturgesetzen, weil jedes Lebewesen vom ständigen Ch’i-Fluss abhängig ist. Ein schlechtes Feng Shui zum Beispiel in geschlossenen Räumen stört oder zerstört sogar diese so lebensnotwendigen Ch’i-Strömungen.

Folgende Faktoren könnten unter anderem auf einen schlechten Ch’i-Fluss in Häusern oder einzelnen Räumen hinweisen:

- geobiologische Störfelder wie Wasseradern oder Elektrosmog
- feuchte Wände, da sie eine pilzhaltige Luft verursachen
- verbauter, verstellter Haupteingang
- schlechte natürliche Luftzirkulation
- spitze Ecken und Kanten
- schwere, belastende Möbel
- negative Möbel- beziehungsweise Einrichtungsmaße
- Kakteen oder absterbende Pflanzen

Wenn in einem Raum viele dieser Ch'i-raubenden Komponenten vorkommen, haben die Menschen es in diesen Räumen schwerer, harmonisch zu leben und erfolgreich zu arbeiten. Im schlimmsten Fall werden die Personen krank. Die Traditionelle Chinesischen Medizin weiß um die Bedeutung des Ch'i und kann vielen Menschen helfen, die sich in ihren Büros oder Wohnungen nicht wohl fühlen und gesundheitlich angeschlagen sind. Viele Berufskrankheiten werden jedoch ignoriert und als persönliches Schicksal des Einzelnen angesehen.

Akupunktur löst beim Menschen durch gezielt gesetzte Nadeln mögliche Blockaden, Feng Shui löst im übertragenen Sinne Energieblockaden Ihres Gebäudes und bringt den Ch'i-Fluss wieder in Gang. Beide Ansätze helfen letztendlich dem Menschen und bringen das Ch'i wieder dazu, gesund und harmonisch zu strömen.

Ch'i = Energie = Leistung = Arbeitsleistung = Erfolg

Ch'i ist der unsichtbare, aber sofort wahrnehmbare Energiespender, der durch die Haustür (min tang) ins Haus kommt und sich dann, soweit es am Fließen nicht gehindert wird, durch das gesamte Haus verteilt. Es kehrt durch die Hintertür und zum Teil auch durch die Fenster wieder hinaus. Zielsetzung von Feng Shui ist es, möglichst viel Ch'i im Gebäude zu halten. Fühlen Sie sich auf Anhieb in einem Raum wohl, dann stimmt die positive Raumenergie, dann ist genügend Ch'i im Raum verteilt.

Wenn Ch'i nicht mehr fließt oder blockiert wird, wandelt sich Ch'i zu Sha, der negativen Energie. Sha-Energie fließt nicht in sanften Bewegungen wie das positive Ch'i, sondern gar nicht oder sehr schnell in geraden Linien.

Öffnet man beispielsweise eine Haupteingangstür und blickt direkt gegenüber auf eine Wand, auf eine übervolle Garderobe oder ein volles Regal, so kann wenig Ch'i in dieses Haus fließen, weil der Haupt-

Energie-Eingang (vergleichbar mit der Mundöffnung beim Menschen) geblockt wird. Befindet sich in direkter Linie zur Eingangstür die Hintertür, so wird das Ch'i so schnell hindurchfließen, dass es im Raum nicht genügend zirkulieren kann. Dieses schnelle Fließen von Ch'i, wie auf Autobahnen, langen geraden Fluren oder geraden Straßen wird auch „schneidendes Ch'i" genannt, im Allgemeinen aber Sha.

Sha = negative Energie = negative Leistung = mangelhafte Arbeitsleistung = Misserfolg

Ein schönes Beispiel aus der Natur verdeutlicht die Wirkungsweise des Ch'i: Denn auch die Anziehungskraft des Mondes beeinflusst die Ch'i-Qualitäten für den Menschen und alle Lebewesen auf diesem Planeten. Im Gegensatz zu den Tieren, die sich nach der Kraft des Mondes und den so genannten Gezeiten orientieren, ignorieren wir Menschen diese Einflüsse völlig und halten uns an herkömmliche Tageszeiten und Terminkalender. Es existieren Tiere, die, wenn Energie fehlt oder ihr Energiebedarf nicht gedeckt werden kann, zum Beispiel durch Dürre erstarren, so lange, bis durch Feuchtigkeit ihr Energiebedarf wieder gedeckt wird und sie dann aus der Erstarrung wieder zur Aktivität wechseln.

Durch den täglichen Stress vernachlässigen viele Menschen ihr persönliches Energie-Management. In diesem Zusammenhang sei auch erwähnt, dass Sie dafür nicht nur Sport treiben, sondern Ihr ganz persönliches Ch'i entdecken sollten, das Ihnen zu mehr mentalem Gleichgewicht und Kraft verhilft. Viel Ch'i steigert Ihre persönliche Leistungsfähigkeit nachhaltig.

Erst wenn Sie wirkliche Harmonie zwischen Ihren inneren und äußeren Energien spüren und sich absolut ausgeglichen fühlen, haben Sie den Weg zu Ihrem persönlichen Ch'i eingeschlagen. Ch'i hält alles in Bewegung, nichts bleibt so, wie es ist, alles unterliegt ständiger Veränderung.

I Ging – die Wandlungsphasen

Das I Ging ist ein weiteres Musterbeispiel für die ganzheitliche Gabe der alten Chinesen, die komplexen Zusammenhänge des Universums zu kodieren und für die heutigen Lebenssituationen des Menschen aktuell nutzbar zu machen. Feng Shui setzt sich zusammen aus mehreren ganzheitlichen, ausgeklügelten Orientierungs- und Analysesystemen, wo jedes für sich alleine bereits eine enorm hohe Aussagekraft innehat, aber durch die Kombination der einzelnen Module sucht es seinesgleichen. Die Naturgesetze, die für den Kosmos Gültigkeit haben, gelten selbstverständlich auch für uns und für alle Prozesse im Privat- und Wirtschaftleben – auch und gerade in der heutigen hochmodernen Zeit. Das Einzige, was sich ändert, können unsere Erfahrungen und die Wahrnehmung vieler Dinge sein.

Eines der angesprochenen Module ist das I Ging (chinesisch I Ching) Buch der Wandlungen, das ein jahrtausendealtes chinesisches Erkenntnissystem der verschiedenen Wandlungsphasen der Natur-Energien beinhaltet. Aus den tiefen Weisheiten des I Ging, dessen symbolische und komplexe Strukturen vor rund 5000 Jahren am Hofe von Kaiser Fuxi entwickelt wurden, baut auch das so genannte Bagua mit seinen acht Trigrammen auf.

Durch gewissenhafte Beobachtungen der Naturphänomene von Himmel und Erde wurden diese Urkräfte der Schöpfung in die zwei Bereiche eingeteilt, die als Trigramme bezeichnet werden: Himmel (Yang, dargestellt durch durchgehende Strichcodelinien) und Erde (Yin, dargestellt durch unterbrochene Strichcodelinien).

Die acht Trigramme als so genannte „Bausteine des Lebens" heißen Himmel, Erde, Berg, See, Wasser, Feuer, Donner und Berg; ihnen werden entsprechende Attribute zugeordnet. Diese Trigramme bilden in ihrer Kombination die 64 Hexagramme (acht mal acht) des I Ging.

Die acht Trigramme mit Zuordnung der fünf Elemente:

CHIEN (Himmel)
Metall, unerschöpfliches Potenzial,
Vater

K'UN (Erde)
Erde, produktiv
und hingebungsvoll,
Mutter

SUN (Wind)
Holz, Atem,
Gedanke,
älteste Tochter

CHEN (Donner)
Holz, Herzschlag,
pulsierende Bewegung,
ältester Sohn

LI (Feuer)
Feuer, Intuition, Selbstständigkeit, Erkenntnis, zweite Tochter

K'AN (Wasser)
Wasser, Turbulenz,
Befruchtung,
zweiter Sohn

TUI (Marschland)
Metall, Erfüllung,
Gefühle,
jüngste Tochter

KEN (Berg)
Erde, Beständigkeit,
Ruhe,
jüngster Sohn

Die Fünf-Elemente-Lehre

Die Chinesen nennen diese Lehre auch „Die fünf Wandlungen", in Europa ist diese Lehre unter dem Begriff „Elementelehre" bekannt. Die Fünf-Elemente-Lehre beinhaltet beispielsweise für das moderne Management ein sehr komplexes, aussagekräftiges und machtvolles Führungsinstrument, das sowohl in Personalfragen als auch in vielen technischen und organisatorischen Bereichen sehr effiziente Resultate bewirken kann. Wenn die Anwenderin weiß, wie die einzelnen Elemente miteinander interagieren, und somit erkennen kann, welche Formen, Farben und sonstige Mittel förderliche, neutrale oder schwächende Energien bewirken, erschließen sich für sie ungeahnte Möglichkeiten der direkten und indirekten Beeinflussung von Zielen.

Fütterungs- beziehungsweise Förderungszyklus:
In der Natur hat jedes Element ein anderes Element, das es hervorbringt, nährt und unterstützt: So wird aus Feuer Erde, Erde enthält Metalle, Metall schmilzt und wird flüssig (Wasser), Wasser lässt wiederum Holz wachsen und das Holz nährt schlussendlich das Feuer.

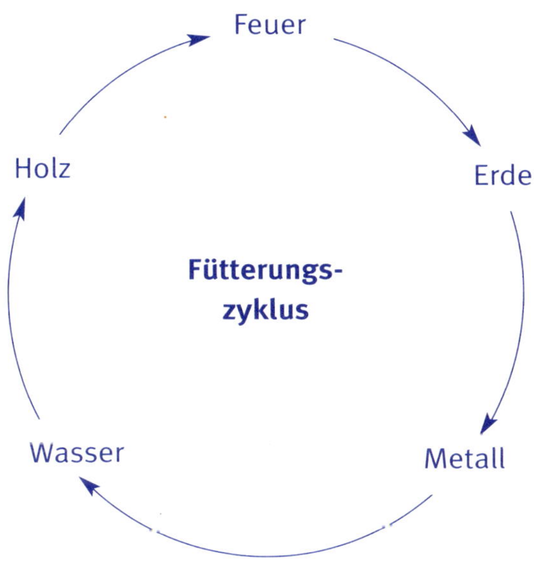

Kontroll- beziehungsweise Zerstörungszyklus:
Zum Fütterungszyklus muss es zwangläufig eine Gegenbewegung geben, dies ist der so genannte Zerstörungs- oder Kontrollzyklus. Jedes Element kann durch ein anderes Element zerstört und kontrolliert werden:

Die Holzwurzeln zerstören die Erde, Erde saugt Wasser auf, Wasser löscht das Feuer, Feuer schmilzt Metall und eine Metallsäge schneidet das Holz.

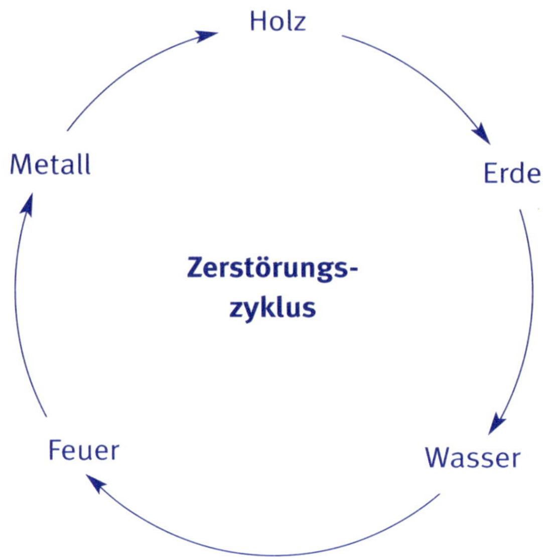

In diesem Abschnitt sollen zunächst nur die Philosophie und die allgemeine Struktur dieser Lehre vorgestellt werden.

Ursprünglich kannten die Naturgesetze vier Elemente (Luft, Feuer, Wasser, Erde), aber chinesische und westliche Feng Shui-Meister haben die Elementelehre den westlichen Naturgegebenheiten von heute angenähert, und so sind nach den Naturgesetzen fünf Elemente bekannt, die jeweils miteinander in Verbindung stehen.

Diese fünf Elemente (Feuer, Wasser, Erde, Holz und Metall) ergänzen oder zerstören sich gegenseitig und unterliegen alle einem Wandlungsmechanismus. Jedes dieser fünf Elemente repräsentiert ein spezifisches Energiemuster, das auf das jeweilige Umfeld und somit auch auf den Menschen spürbar wirkt.

Das Ch'i (Energie) im Raum ist somit in fünf unterschiedlichen Qualitäten vorhanden. Dieses Energiegleichgewicht oder -ungleichgewicht wirkt sich direkt auf unsere körperlichen und geistigen Funktionen aus. Diese Energien oder Elemente können sehr verschiedene Konstellationen haben: Herrscht ein Element zu stark vor, wirkt sich das negativ aus. Wenn man ein ausgleichendes Element hinzubringt, kann man dieses Ungleichgewicht wieder harmonisieren. Jeder Mensch ist dem Element seines Geburtsjahres zugeordnet. In Kapitel 2 (S. 72 ff.) werden Sie anhand einer Tabelle Ihr persönliches Element ermitteln können und herausfinden, wie wichtig das für Ihr Wohlbefinden ist.

Im Folgenden sollen die einzelnen Elemente charakterisiert werden.

Das Holz-Element:
Das Holz-Element ist der Farbe Grün zugeordnet. Das bedeutet, dass Menschen, die dem Holz-Element angehören, die Farbe Grün als angenehm und positiv empfinden. Grün unterstützt die Holz-Personen. Das Holz-Element steht, wie ein Baum im Frühling, für Wachstum und Ausdehnung in alle Richtungen. Fortschrittsgedanken und Aktivität zeichnen Holz-Menschen besonders aus, weil sie energiegeladen sind. In der Landschaft werden dem Holz-Element die Bäume und der Wald, in der Architektur Hochhäuser, Säulen und Türen zugeordnet.

Das Feuer-Element:
Feuer erzeugt eine starke Hitze, wenn es brennt. Diese Energie steigt nach oben. Alles nach oben Strebende symbolisiert daher Feuer-Energie. Feuer-Menschen sind leicht erregbar, energiegeladen und sehr impulsiv. Weitere Eigenschaften sind eine gewisse Extrovertiertheit und Leidenschaft. Rot ist hier die stärkende Farbe. Rot aktiviert auch die Fortpflanzungsorgane.

Das Metall-Element:
Das Metall-Element ist das starrste aller Elemente. Es hat eine sich zusammenziehende, nach innen orientierte Kraft. Es ist eine sehr massive Energie. Metall steht für Härte und Festigkeit. Oft zeichnen sich Metall-Personen durch diese Eigenschaften besonders aus. Sie sind Machtmenschen, da Disziplin, Stärke und Stabilität zu ihren Charaktereigenschaften zählen.

In der Landschaft wird das Metall-Element durch kuppelartige Erderhebungen vertreten. Typische Bauwerke für das Metall-Element sind Kuppelbauten und runde Dächer.

Das Wasser-Element:
Das Wasser-Element ist im Feng Shui sehr wichtig, da es mit Reichtum und Wohlstand assoziiert wird.

Wasser ist unser Lebenselixier, ohne Wasser gedeiht in der Natur nichts. Flüsse, das Meer und Seen ziehen Sauerstoff an, das wiederum ein Lebenselixier für uns bedeutet. Die Bewegung des Wassers ist fließend nach unten und seitwärts. Das Wasser wird auch wellenförmig dargestellt. Wasser ist blau und niemals schwarz. Wasser steht für Erfolg und Autorität. Die Wasser-Farbe Blau strahlt eine beruhigende Wirkung aus. Da Wasser fließt, wird es auch mit Kommunikation und Fortschritt assoziiert.

Das Erde-Element:
Die Energie des Elements Erde bewegt sich zu beiden Seiten flach über der Erde und wird daher durch flache, rechteckige und quadratische Formen dargestellt. Menschen im Element Erde sind sehr bodenständig und bewegen sich mit Vorsicht. Die Erde wird auch symbolisiert durch Keramik, Terrakotta, Ziegelsteine, Erde, Ton oder Lehm.

Die „Fünf Tiere“ und ihre tiefere Bedeutung

Das als „Fünf Tiere“ bekannte System des Landschafts-Feng Shui ist ein sehr anschauliches, bildliches Hilfsmittel beziehungsweise eine Schablone, die Ihnen vielfach im alltäglichen Privat- und Geschäftsleben ein instinktives Gefühl für den günstigsten, „sichersten“ Platz im Büro, am Schreibtisch, in Verkehrsmitteln wie Auto, Bahn, Flugzeug und bei Meetings, um nur einige Beispiele zu nennen, vermitteln wird.

Es gilt für Grundstücks- und Gebäudeanordnungen wie auch für persönliche Steh- und Sitzpositionen.

Achtung: Blickrichtung immer von innen nach außen!

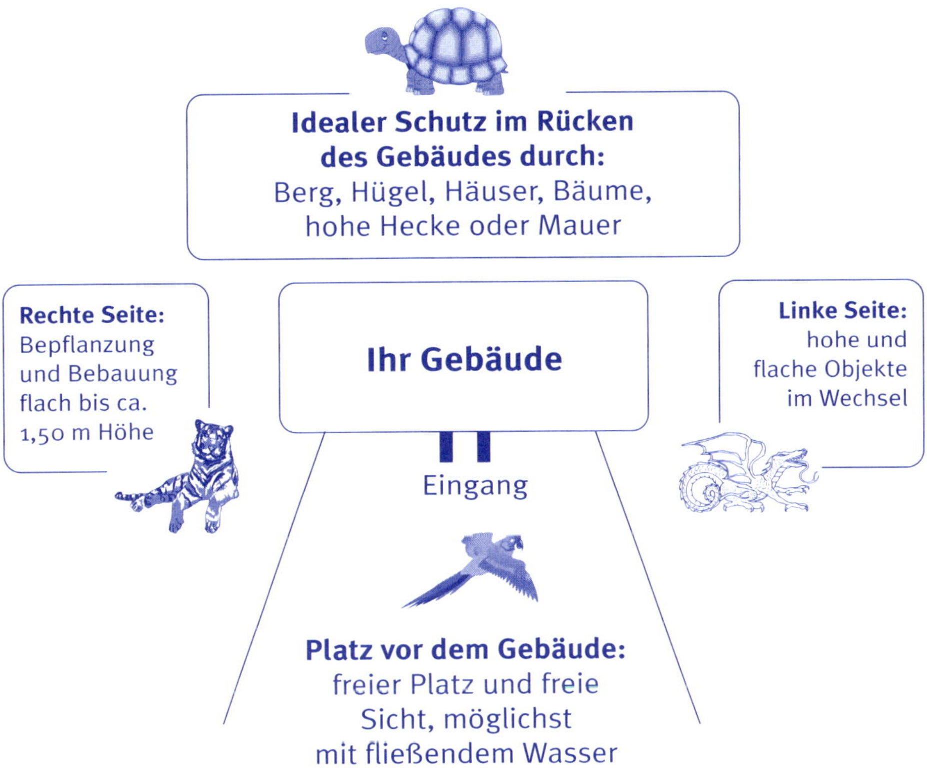

Tier-Symbolik bzw. Landschafts-Feng Shui

Die Chinesen verwenden diese Schablone wie eine Landkarte, da sie die verschiedenen Aspekte der Energien, die immer nach diesem Schema fließen, verdeutlicht. Diese fünf Tiere, von denen hier die Rede sein wird, sind sagenhafte Tiere, also Fabeltiere, denen besondere Kräfte zugesprochen werden.

Der Phönix

Der Phönix ist ein Fabeltier, das immer wieder aus der Asche emporschwebt. Er ist ein Kundschafter, der alles Neue ins Haus oder Geschäft bringt. Dieser Vogel fliegt noch und braucht daher eine freie Sicht nach vorne. Wenn Sie aus Ihrem Eingang hinausschauen und vor sich eine Wand, einen hohen Baum oder ein sonstiges Hindernis sehen, wird dadurch ihre Sichtweise behindert, das heißt, dass Sie auch eingeschränkt beziehungsweise blockiert sind im Hinblick auf alles Neue, zum Beispiel neue Projekte und mögliche interessante Chancen in Ihrem Leben. Deswegen sollte dem Phönix, also Ihrem Hauseingang, grundsätzlich freie Sicht gewährt werden, damit Sie sich nicht selbst blockieren.

Der Drache

Der Rücken des Drachen hat mehrere Erhebungen und ist somit wellig. Der Drache liegt auf der linken Seite (Blick nach vorn) und stellt unser rationales Denken dar. Der Drache steht für weise Entscheidungen und für eine große, sagenhafte Kraft. Er repräsentiert die männliche Kraft und Seite im Haus. Ist die Drachenseite geschwächt, bedeutet dies, dass die Männer in diesem Haus ein schwaches Rückgrat haben. Im Geschäftsleben bedeutet es, dass keine weisen Entscheidungen im Unternehmen getroffen werden. Deshalb sollten auf der Drachenseite innerhalb eines Hauses oder Büros große und kleine Möbelstücke oder draußen unterschiedlich hohe Bäume positioniert werden.

Der Tiger

In freier Natur gehören die Tiger zu den stärksten und unberechenbarsten Raubtieren. Der Tiger symbolisiert die rechte Gehirnhälfte, also die emotionale Intelligenz. Er verleiht dem Haus, dem Raum oder einem Unternehmen Stärke und Verteidigung. Weil diese Tigerseite beherrschbar sein sollte, ist es von Vorteil, diese Seite möglichst flach zu gestalten, das heißt der Tiger liegt quasi auf dem Boden. Drinnen können Sie diesen Effekt durch vornehmlich flache Möbelstücke und draußen durch flache Sträucher und Pflanzen erzielen. Die Tigerseite repräsentiert das weibliche Element. Wenn diese Seite, egal ob drinnen oder draußen, geschwächt oder blockiert ist, sind die Frauen, die dort leben, schwach und unterdrückt, weil sie von den Männern dominiert werden.

Die Schildkröte

Die Schildkröte hat im Fünf-Tiere-System eine signifikante Bedeutung, weil sie den Schutz für alle gewährleisten soll. Schildkröten können sehr alt werden und versinnbildlichen unser Stammhirn mit unseren ererbten Instinkten und Bedürfnissen. Die Schildkröte bietet dem Gebäude und den darin lebenden Menschen den notwendigen Schutz und Rückhalt. Deshalb kann sie gar nicht fest und hoch genug sein. Der äußerst stabile Panzer charakterisiert die Sicherung für unser Wohlbefinden. Ein Geschäftsgebäude ohne starke „Rückendeckung“ kann die finanziellen Mittel, die vorne verdient werden, hinten nicht halten. Es kann kein finanzielles Polster angelegt werden, da die Energie wegfließt. Auch an Ihrem Schreibtisch sollten Sie grundsätzlich mit dem Rücken zu einer Wand oder Vergleichbarem (Schildkröte) sitzen.

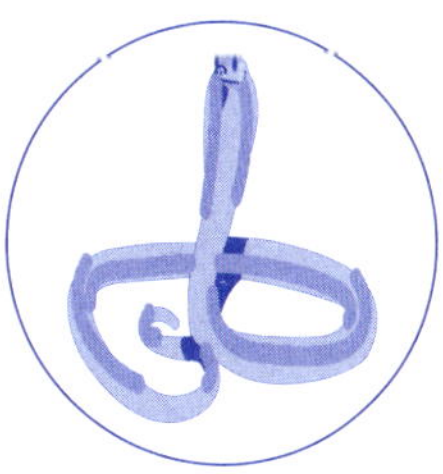

Die Schlange

Die Schlange liegt im Zentrum und stellt die Verbindung zwischen den Kräften dar, auch die Verbindung zwischen unseren Gehirnhälften. Die Schlange liegt ruhig und zusammengerollt in der Mitte, kann aber bei Bedarf blitzschnell reagieren und gefährlich werden. Sie steht auch für die Lebensenergie und für unsere Wirbelsäule. Die Schlange sollte Ruhe haben. Ihr Platz sollte frei und unbelastet von Mauern oder Schränken sein. Im Büro und auch zu

Hause könnte im Zentrum ein runder Teppich liegen, aber auf keinen Fall sollte man diesen Bereich mit schweren Möbeln zustellen.

Die unheimlichen Kräfte der Natur

Es gibt natürliche, gesundheitsfördernde Energiequellen für den Menschen und schädliche Energieströmungen, die besser gemieden werden sollten. Die meisten Tiere meiden instinktiv diese so genannten nachteiligen Kraftplätze, andere wiederum werden magisch davon angezogen, zum Beispiel Ameisen, Mücken etc. Das Wissen unserer Urväter über die Kräfte der Natur ist bei vielen Menschen durch die Industrialisierung verdrängt worden.

Nur optimale, gesunde Lebens-, Wohn- und Arbeitsplatzqualitäten schaffen die geeignete Atmosphäre für optimale Leistung und Gesundheit. Schon immer waren die Menschen gewissen Erdstrahlungen, Magnetfeldern und sonstigen beeinträchtigenden Umwelteinflüssen beziehungsweise Schwingungen ausgesetzt. Mittlerweile setzen sich verschiedene Wissenschaftszweige wie die Physik, Chemie, Geologie, Geografie, Baubiologie, Radiästhesie, Astronomie, Psychologie, Architektur- und Landschaftsplanung mit dieser Problematik auseinander.

Früher prüften die Menschen intuitiv und die Tiere instinktiv eine neue Schlafstätte, um zu verhindern, dass schädliche Einflüsse vorlagen. Immerhin verbringt der Mensch ein Drittel seines Lebens mit Schlafen, um seinen Organismus zu regenerieren und neue Energien zu tanken. Wenn der Schlafplatz durch geobiologische Einflüsse beeinträchtigt wird, können Sie keine optimalen Leistungen erbringen, und gesundheitliche Beeinträchtigungen sind häufig vorprogrammiert.

Heutzutage wird in seltenen Fällen ein Bauplatz nach gewissen Umweltbeeinträchtigungen, wie zum Beispiel Wasseradern, Verwerfungen, geprüft. Aber wer prüft beziehungsweise lässt denn heute seinen Schlaf- oder Arbeitsplatz auf geobiologische Störungen prüfen? Leider nur viel zu wenige. Diese wissen allerdings um die Notwendigkeit eines störungsfreien Schlaf- und Arbeitsplatzes. Mittlerweile gibt es den Begriff „Sick Building Syndrom“. Er fasst die zunehmenden Klagen über körperliche und psychische Gesundheitsbeeinträchtigungen aufgrund chemisch und biologisch wirkender Kräfte in der Wohnung oder am Arbeitsplatz zusammen. Über die daraus resultierenden Nachteile sind sich die Verantwortlichen oft nicht bewusst.

Gerade im Berufsleben sollte in Zukunft verstärkt der Frage nachgegangen werden: Welche Arbeitsplatzmängel beziehungsweise -probleme müssen unbedingt abgestellt werden, um für die einzelnen Mitarbeiter optimale Arbeitsbedingungen zu schaffen?

Mit Einführung der Elektrizität und zunehmender Technisierung sind die Menschen dem negativen Einfluss von Reizen und Schwingungen auf das Wohlbefinden häufig unwissend ausgesetzt. Elektrizität, Erdmagnetismus, elektromagnetische Wellen, chemische Einflüsse, Schimmelpilze, globale Gitternetze, Wasseradern und Erdverwerfungen blockieren vielfach die Leistungsfähigkeit der Menschen und können unter ungünstigen Umständen und Konstellationen auch zu gesundheitlichen Beeinträchtigungen führen. Zahlreiche Bücher, unter anderem auch das bekannte Buch „Krankheit als Standortproblem“ von dem deutschen Arzt und Autor Dr. Ernst Hartmann aus Eberbach, weisen die Beziehung zwischen schädlichen Erdstrahlen und Krankheiten nach.

Viele dieser beeinträchtigenden Standorteinflüsse sind hausgemacht. Es ist heute auch nachgewiesen, dass die natürliche Polarisation des Menschen durch unsere zunehmende elektrische Umwelt gestört werden kann. Zu den Hauptstörfaktoren können nicht nur elektrische Arbeits- und Bürogeräte, sondern auch chemisch belastete Materialien und geobiologische Einflüsse zählen. Katastrophal sind diese Einflüsse, wenn zwei oder mehrere dieser negativen Störfaktoren einen Arbeitsplatz oder Räume zu Hause beeinflussen. Diese Störfaktoren können sich auf den Hormonhaushalt des Menschen nachteilig auswirken. Die nicht erwähnenswerten Kosten für eine gezielte Beseitigung dieser Faktoren stehen in keinem Verhältnis zum persönlichen und beruf-

Checkliste: Einige mögliche nachteilige geobiologische Einflussfaktoren bzw. energetische Störfelder auf die Arbeitsleistung und das Wohlbefinden

Einflussfaktoren	**Geprüft/ vorhanden?**	**Erforderliche Maßnahmen**	**o. k.**
Wasserader			
Erdverwerfung			
Currynetz			
Wasserader/Kreuzung			
Wasserader/Verwerfung			
Wasserader/Currynetz			
Verwerfung/Curry			
Currynetz/Kreuzung			
Global-Gitter/Kreuzung			
Elektrosmog			
Computerstrahlungen			
Handys, DECT-Systeme			
Beleuchtungen			
Elektroheizungen			
Trafostationen			
Sendeanlagen			
Hochspannungsleitungen			
Schadstoffbelastungen			
Elektrogeräte			
Fußbodenheizungen			
Sonstiges:			

Ziehen Sie möglichst anerkannte Spezialisten zur Ermittlung und Prüfung hinzu.

lichen Nutzen. So ist für diejenigen Unternehmen, denen ernsthaft das Wohl, die Gesundheit und Leistungsfähigkeit ihrer Mitarbeiter am Herzen liegt, eine Untersuchung der Arbeitsplätze nach diesen Störfaktoren heute eine Selbstverständlichkeit.

Seit Menschengedenken sammeln wir Erfahrung und Wissen der großen und kleinen Zusammenhänge unseres Universums. Unsere Probleme spiegeln sich auch in den Planeten wider. Nach dem hermetischen Gesetz findet sich das Große im Kleinen wieder. Die Welt und das Universum tragen wir in uns und in unseren Zellen und somit sind wir auf vielfache Weise mit dem Universum verknüpft. Ähnliches wird auch durch die Bell'sche Theorie unterstrichen: Der Zustand des kleinsten Teilchens beeinflusst den Zustand des gesamten Universums und umgekehrt. Alles ist im Universum miteinander verbunden.

Aufgabe eines Feng Shui-Experten bei einer Standortanalyse ist es immer, schädliche Stör- und Gefahrenzonen fachgerecht zu orten, darauf hinzuweisen und mit den jeweiligen Bewohnern geeignete Maßnahmen zu ergreifen, dass diese den negativen Beeinträchtigungen nicht weiter ausgesetzt bleiben. Es ist die Summe der vielen kleinen Beeinträchtigungen und Störungen, wie zum Beispiel das störungsfreie, richtige Einstecken des Steckers eines elektrischen Geräts in die Steckdose, um die Auswirkungen der elektrischen Spannungsfelder zu minimieren.

Energiewesen „Mensch"

Der menschliche Körper, eines der vollkommensten Wesen auf unserer Erde, ist Tempel, Lagerhaus, Apotheke, Labor, öffentliches Versorgungsunternehmen, Kraftwerk, Bauernhof, Spedition, Krankenhaus, Kläranlage, Computer und Bibliothek zugleich. Er besteht zu zirka 70 Prozent aus Wasser und wird durch den „Funken des Lebens", der bereits beschriebenen Lebensenergie Ch'i, angetrieben. Wir leben auf einem Wasserplaneten, dessen Erdoberfläche zu etwa 70 Prozent von Wasser bedeckt wird. Dies ist nicht neu. Trotzdem ignorieren wir Menschen die Dominanz des Wassers in allen Bereichen unseres täglichen Lebens und wir treten es sogar mit Füßen. Es ist nicht leicht, natürliches, nicht verunreinigtes Wasser in der heutigen Zeit in Europa zu finden.

Der menschliche Körper und natürlich auch jede Zelle besteht hauptsächlich aus Wasser. Jede Zelle besitzt ihren eigenen kleinen Organismus, hat eine besondere Funktion in der Organisation „Körper" und stellt ein Abbild des Makrokosmos dar. Biologisch spiegelt der Mikrokosmos den Makrokosmos und umgekehrt. Die neuesten DNS-Forschungsergebnisse belegen die Komplexität und zeigen immer wieder auf, dass wir heute schon viel über die Zusammenhänge der Natur und den Menschen wissen, aber bei weitem nicht alles. Wir sind eben ein sehr komplexes „Wunder Natur".

Die Lebensenergie des Menschen wird im Wesentlichen von seinem Umfeld und dessen natürlichen, energetischen Komponenten wie der kosmischen Energie, dem Sauerstoff- und Wassergehalt bestimmt. Sauerstoff, kosmische Energie (Wind) und Wasser beeinflussen die Vitalität des Menschen so gravierend wie kaum ein anderes Medium.

Das Lebenselixier „Wasser" ist wichtiges Lebensmittel und Heilmittel zugleich: Vitalität und die Qualität des Wassers haben subtile physikalische Wirkungen auf das Bewusstsein des Menschen. Aber Wasser ist längst nicht Wasser, sondern die Qualität und Schwingung von Wasser werden stark beeinträchtigt durch Verunreinigungen, vielfach ist es „chemisch" gereinigt und hat bei weitem nicht den feinstofflichen Energie- und Schwingungsgehalt von absolut natürlichem Wasser. In dem faszinierenden Buch „Die Botschaft des Wassers" von Masaru Emoto werden vielfältige Erscheinungsformen und Qualitätsmerkmale sowie die komplexen Zusammenhänge zwischen dem Bewusstsein des Menschen und Wasser eindrucksvoll präsentiert.

In der freien Natur, in den Wäldern lebten unsere Vorfahren gesund, glücklich und zufrieden mit viel Wasser, Sauerstoff, kosmischer Lebensenergie und Bewegung und ohne die vielen „Zivilisationskrankheiten“, wie sie heute gang und gäbe sind. Auch die natürlichen Sinne unserer Vorfahren waren viel stärker ausgeprägt, weil sie diese auch intensiver nutzen mussten. Selbst heute verfügen viele Menschen der Naturvölker, wie zum Beispiel Eskimos, afrikanische Buschmenschen, die unter primitivsten Umweltbedingungen leben, über die am höchsten entwickelten Sinne.

Mit dem Bau von Häusern und viel später mit dem Einzug der „Elektrizität“ entfernten wir Menschen uns im Rahmen der Evolution immer weiter von unseren eigentlichen natürlichen Rahmenbedingungen. Nichts gegen Weiterentwicklung und Technik – aber bedenklich scheint in dem heutigen „digitalen Zeitalter“ die technische Dominanz, die uns Menschen ganz langsam, aber kontinuierlich aus dem natürlichen Gleichgewicht bringt. Wo bleibt die so elementare natürliche physische und psychische Balance für den Menschen? Was wird unternommen, um das Energiewesen „Mensch“ nicht von der natürlichen Energiezufuhr abzuschneiden?

Jede Mauer, jeder Raum, jedes isolierte Gebäude nimmt uns ein Stück weit Natur und schränkt somit unsere Leistungsfähigkeit ein. Wie sollen in Räumen mit geschlossenen Türen und Fenstern sowie unnatürlichen Rahmenbedingungen Spitzenleistungen erzielt werden? Denn in kürzester Zeit sind die natürlichen Energiepotenziale in solchen Räumen verbraucht und der Raum saugt förmlich den Menschen aus.

Wenn dieses komplexe Energiewesen „Mensch“ optimal „funktionieren“ soll, müssen auch optimale natürliche Rahmenbedingungen vorherrschen. Denn beim Menschen als einem Teil der Umwelt wirken negative Umwelteinflüsse direkt und indirekt auf das vegetative Nervensystem. Menschen erreichen nur dann optimale Leistungsfähigkeiten, wenn sie keine Energieblockaden behindern und im Umfeld alle natürlichen Kräfte harmonisch aufeinander abgestimmt sind. Zusammenfassend sagt ein niedriges Energieniveau immer auch ein niedriges Leistungsniveau aus.

Feng Shui als ganzheitliches Karrieregeheimnis

Wie wird eine Frau erfolgreich, glücklich im Leben und im Beruf? Auf diese Kernfrage gibt es sicherlich kein absolutes Patentrezept, zumal jede Frau ganz individuelle Voraussetzungen und Vorstellungen vom Leben, von Glück und Erfolg im Beruf in ihre Wiege gelegt bekommen hat. Nicht jede Frau ist glücklich, erfolgreich und zufrieden mit ihrem Leben. Und die Zahl derjenigen Frauen, die mit der stark zunehmenden Leistungsgesellschaft einfach nicht mehr zurechtkommen, steigt stetig an.

So ungerecht spielt das Leben – der eine rackert sich ab von früh bis spät, ist pflichtbewusst und bemüht sich, glücklich und erfolgreich zu sein, bewegt sich aber kontinuierlich am Existenzminimum. Andere wiederum haben scheinbar das Glück gepachtet und bewegen sich mit einer fast spielerischen Leichtigkeit erfolgreich durchs Leben und es mag ihnen einfach alles gelingen.

Im Westen gehen die Menschen davon aus, dass Glück und Erfolg unbeeinflussbar, absolut außerordentliche Phänomene sind. Im Gegensatz dazu sehen die Chinesen das Glück als kultivierbar und forcierbar, indem durch Feng Shui gezielt Plätze lokalisiert werden, die die positive Lebensenergie fließen und wirken lassen.

Der Mensch ist eine Art „ferngesteuertes“ Lebewesen im Universum, das nur dann optimale Ergebnisse beziehungsweise Leistungen erzielen kann, wenn es im Einklang mit seinen persönlichen kosmischen Parametern steht. Aber wer kennt denn heute schon seine persönlichen kosmischen Parameter oder vergleichbar seine eigenen Genstrukturen?

Feng Shui – so lautet das Geheimnis und die Lösung des Erfolgs für viele private und berufliche Zielsetzungen. Diese jahrtausendealte Harmonielehre mit ihrem umfangreichen Erfahrungspotenzial harmonisiert den Energiefluss eines Hauses, einer Wohnung und auch am

Arbeitsplatz derart, dass diese positive Energie den Bewohnern optimalen Nutzen und Vorteile in allen Lebenslagen bringt.

Leben und arbeiten Sie nicht gegen den Strom aller Naturgesetzmäßigkeiten, sondern versuchen Sie im Einklang mit Ihrem natürlichen Umfeld, mit Ihrer Intuition und Berufung Ihr persönliches Energiepotenzial zu erkennen und zu nutzen. Versuchen Sie „online“ mit Ihrer natürlichen Geburtscodierung und Ihren persönlichen kosmischen Kräften zu arbeiten. Schwimmen Sie mit Ihren energetischen Strömungen und Ihr erfolgreicher Werdegang wird leichter, müheloser und unbesorgter werden. Rückenwind oder Gegenwind – jeder hat sein Los selbst in der Hand.

Die Chinesen orientieren sich hier nach der „Weisheit des Bambusrohrs“ nach dem Motto „Besser der Kraft des Windes nachgeben, als daran zu zerbrechen“.

Ihr persönliches Energiepotenzial ist Ihr größtes Kapital und verleiht Ihnen persönliche Selbstsicherheit. Die richtigen Entfaltungspotenziale zu erkennen und diese mit Ihren potenziellen Energien zu unterstützen und zu harmonisieren ist Ihr persönlicher Erfolg. Nur wenn Sie in Harmonie mit sich selbst sind, das heißt Ihr inneres Selbst mit Ihrem Äußeren, bringen Sie Ihre persönlichen Vorstellungskräfte und Ideen Ihrer eigentlichen Lebensaufgabe näher. Ganz ehrlich: Entspricht Ihre jetzige Tätigkeit Ihrer wahren Intuition, sprich: wahren Lebensaufgabe, oder Ihrem Intellekt?

Feng Shui analysiert Ihr persönliches und berufliches Umfeld so ganzheitlich, dass es Ihrer persönlichen und beruflichen Karriere viele Vorteile und interessante Chancen verschafft.

Mittlerweile orientieren sich auch viele westliche Topkonzerne, erfolgreiche Unternehmerpersönlichkeiten und Topmanager sowie auch zahlreiche Superstars nach Feng Shui und alle haben eines gemeinsam:

den Erfolg. Wer dieser erfolgreichen Feng Shui-Anwender ist schon so töricht und outet freiwillig eines seiner Erfolgsgeheimnisse?

Für Betriebswirtschaftler, Realisten und Materialisten zunächst kaum vorstellbar, das diese chinesische Philosophie den statischen Gesetzmäßigkeiten der Wirtschaftswelt Vorteile und Verbesserungen im Tagesgeschäft bieten kann. Selbst diese Skeptiker werden, wenn sie sich mit Feng Shui ernsthaft auseinander setzen, schnell erkennen, das diese Harmonielehre auf allen Ebenen logisch, nachvollziehbar und absolut wirkungsvoll ist. Man muss also nicht daran glauben, sondern nur die Ergebnisse und Fakten zählen. Mit Feng Shui überlassen Sie nichts dem Zufall, sondern alle Planungen und Maßnahmen erweisen sich in ihrer ganzheitlichen Betrachtung als schlüssig und einleuchtend.

Frauen sind in den nächsten Jahrzehnten auf dem Vormarsch und werden sich als die weitaus besseren Chefs erweisen, da sie über eine intuitive, diplomatische Moderatorenkompetenz und soziale Führungsqualitäten verfügen. „Frauenfreie“ Zonen prägen bis heute die Chefetagen Europas. Ab dem Jahr 2008 übernehmen die Frauen zunehmend das Zepter und besetzen absolute Spitzenpositionen in allen Bereichen. Welch eine Welle der Sympathie würde zum Beispiel einer Frau als Bundeskanzlerin entgegenfließen?

Nur wer in der Lage ist, die tieferen Geheimnisse und natürlichen Wirkungsweisen von Räumen, Symbolen und Gegenständen, Himmelsrichtungen und des richtigen Zeitpunkts wahrzunehmen, der kann persönlichen und beruflichen Nutzen daraus ziehen.

Auf dem Weg zu innerer und äußerer Harmonie fördert Feng Shui gezielt Ihre persönlichen Stärken und harmonisiert Ihre Schwächen.

Kapitel 828

Persönliche Balance

Viele gesundheitliche, familiäre und berufliche Probleme kommen nicht von ungefähr, sondern werden von der Wechselwirkung Ihrer Person mit Ihrem persönlichen Umfeld im Laufe der Zeit geprägt. In diesem Kapitel erhalten Sie einige Tipps zur Optimierung Ihrer persönlichen Balance mit Ihrem unmittelbaren Wohn- und Lebensumfeld.

Nur in einem gesunden Körper wohnt ein gesunder Geist, der optimale Ergebnisse erzielen kann. Um ein harmonisches und erfolgreiches Leben nach Feng Shui zu führen, sollten Sie zunächst Ihre ganz persönlichen Feng Shui-Koordinaten anhand verschiedener Kriterien und Tabellen in den nächsten Kapiteln erarbeiten. Diese Koordinaten haben maßgeblichen Einfluss auf Ihre Persönlichkeit, Ihr Wohnumfeld, Ihre Gesundheit und innere Balance, Ihre Partnerschaft, Ihre Familie, Ihren Berufsalltag, Ihr Erfolgsverhalten und ganz wesentlich auch auf Ihr Selbst- und Wohlstandsbewusstsein, um nur einige Beispiele zu nennen. Ein gutes persönliches Feng Shui im privaten Umfeld wird als Voraussetzung für ein zufriedenes Leben mit beruflichem beziehungsweise geschäftlichem Erfolg angesehen. Betrachten Sie dieses Verfahren als Ihr persönliches Erfolgsradarsystem.

Am Ende dieses Buches finden Sie eine Tabelle, in der wichtige Werte für Ihr persönliches Feng Shui aufgelistet werden. Ihre ermittelten persönlichen Werte sollten Sie in diese Tabelle eintragen und sich gut einprägen.

Wohn- und Standortfaktoren entscheiden über Erfolg oder Misserfolg

Wussten Sie schon, dass das „Rückgrat“ Ihres Hauses Ihr Selbstbewusstsein beeinflusst?

Ein englisches Sprichwort sagt: „My home is my castle“. Im Grunde genommen sagt dieses Sprichwort im übertragenen Sinne nur, dass wir uns in unser Zuhause wie in eine Schutzburg zurückziehen können. Die komplexen Regeln zur harmonischen Gestaltung von Lebensräumen dienen nicht nur zum Wohlfühlen innerhalb Ihrer privaten vier Wände, sondern auch dazu, mehr Harmonie und Reichtum (auch inneren Reichtum) in allen Lebensbereichen zu erlangen. Fühlen Sie sich wohl zu Hause oder haben Sie oft das Gefühl, dass Ihnen die Decke auf den Kopf fällt? Wie wichtig dies ist, sehen wir daran, dass wir uns bis zu 80 Prozent unseres Lebens in geschlossenen Räumen aufhalten. Hier sollten wir dann unser Bagua anlegen und unser Privathaus beziehungsweise unsere Wohnung überprüfen. Was ein Bagua genau ist und wie man es anwendet, erfahren Sie in Kapitel 5.

Verfügen Sie über mehrere Stockwerke, wird das Bagua jeweils auf den neuen Zugang beziehungsweise Eingang des Stockwerks angelegt. Wenn Sie ständig müde sind, lässt dies auf ein energiearmes Haus schließen, und Sie sollten einen Feng Shui-Berater konsultieren. In Asien und Amerika sind Häuser, die nach Feng Shui-Richtlinien gebaut wurden, um gut ein Viertel teurer. Dafür leben die Menschen hier aber garantiert glücklicher.

Ihr Haus ist wie eine Ladegerät, wo Sie Ihren Akku aufladen können, umso wichtiger sind zum Beispiel die Maße Ihres Bettes (siehe Harmonische Maße, S. 11④ f.). Unter Ihrem Bett sollte sich auf keinen Fall ein Bettkasten befinden, da sonst die Energie im Schlaf nicht frei zirkulieren kann. Energiearme Räume saugen uns hier förmlich aus. Sie ziehen uns Energie ab. Die Wohnung muss ein Ort der Ruhe sein, um neue Kräfte zu sammeln. Sie sollte gemütlich sein und auch einen Treffpunkt für Ihre Bekannten bieten. Halten Sie das Zentrum (Tai-Chi) frei, das ist sehr wichtig für Ihre Stabilität.

Tapetenwechsel und Bagua-Aktivierungen müssen gezielt vorgenommen werden. Auch Licht ist ein wichtiges Feng Shui-Hilfsmittel und sollte in Ihrem Haus große Beachtung finden. Eine Deckenlampe ist hier natürlich nicht ausreichend, weil viele Ecken gar nicht ausgeleuchtet werden können. Mehrere Lampen, also gut ausgeleuchtete Räume, erhöhen die Energie. Wir sind heute alle „gewohnheitsblind" in den eigenen vier Wänden. Beeinflussen und harmonisieren Sie mit der passenden Einrichtungs- und Farbgestaltung die persönlichen Räume individuell.

Innerhalb einer Familie sollte man die Form- und Farbauswahl nach den „Fünf Elementen" immer in erster Linie nach dem Ernährer (Hauptverdiener), gegebenenfalls natürlich nach der Ernährerin, ausrichten, da er oder sie für das finanzielle Wohl der ganzen Familie steht. In den persönlichen Räumen der einzelnen Familienmitglieder kann individuell nach dem jeweiligen Element eingerichtet werden, aber in Flur, Wohnzimmer und Büro sollte der Haupternährer maßgeblich in seinem Element unterstützt werden.

Insgesamt wird die Wohnharmonie im Privatbereich deutlich gesteigert, wenn Sie sich bei den einzelnen Familienmitgliedern verstärkt nach der Fünf-Elemente-Lehre orientieren. Das Gleiche gilt natürlich für den Schlafbereich.

Checkliste: Wohn- und Privatsphäre

Fragen zur Wohn- und Privatsphäre	Probleme?
Fühlen Sie sich wohl in Ihren vier Wänden?	
Fühlen Sie sich sicher und heimisch in Ihrem Haus?	
Bietet das Wohnumfeld genügend Schutz und Perspektive?	
Können Sie sich zu Hause entspannen und optimal Kraft schöpfen?	
Ist Ihr Schlafplatz frei von geopathischen Störfeldern und Elektrosmog?	
Können Sie Privates und Berufliches räumlich trennen?	
Ist Ihr Haus ein geselliger Treffpunkt für Freunde und Nachbarn?	

Ein gutes Feng Shui in der Wohn- und Privatsphäre hat sich als Basis für Glück, Erfolg und Karriere bewährt.

Beziehungsharmonie

Beziehungsstress? Auseinander gelebt? Ständiger Zwist in der Beziehung, Disharmonie, Unruhe und Stress im Privatbereich sind keine Seltenheit bei vielen Frauen in unserem hektischen Zeitalter. Leben Sie in einer disharmonischen Beziehung, dann ist dies nach chinesischer Weitheit auf negatives Feng Shui zurückzuführen. Entwickeln Sie daher ganzheitliche und nachhaltige Strategien gegen jede Form des kräfteraubenden Beziehungsstresses und tauchen Sie ein in das Reich der Harmonie.

Eine harmonische Partnerschaft und ein intaktes Familienleben sind sozusagen die Tankstelle für Energie und Kreativität. Mit Partnerschaft ist hier natürlich nicht nur die Institution Ehe gemeint, sondern Partnerschaft (feste Beziehung) in jeglicher Form. Für diesen Bereich ist es wichtig, die Bagua-Zone „Beziehungen/Partnerschaft“ gezielt zu aktivieren. „In einer harmonischen Familie sprießt das Glück von allein", besagt ein altes chinesisches Sprichwort. Harmonie in Ihrer Beziehung ist pures Gold wert, denn wenn Sie durch Stress in Ihrem Privatleben überfordert sind, ist es umso schwieriger, den Rücken frei zu haben für beruflichen Erfolg.

Wie viele Stunden in der Woche verbringen Sie mit Ihrem Partner? Ist Ihre Beziehung eine intakte Partnerschaft oder nur noch eine Zweckgemeinschaft? Ein gutes Feng Shui trägt maßgeblich zu einer harmonischen und glücklichen Beziehung bei. Viele Frauen sind heute selbstbewusster und verstärkt karriereorientiert und streben nicht nur die Position der Hausfrau und Mutter an, sodass das rein ökonomische Abhängigkeits- beziehungsweise Beziehungsgeflecht immer mehr schwindet.

Wenn die emotionale Basis einer Beziehung wegfällt, bricht heute auch eine Beziehung schneller auseinander. Liebe und Partnerschaft haben heute andere, ganz individuelle Gesetzmäßigkeiten. Nicht selten sind Beziehungsverhältnisse durch die Kinder, Schule und Ausbildung Gegenstand von Auseinandersetzungen. Feng Shui ist hier sehr hilfreich in Bezug auf das Umfeld Ihrer Kinder, um ihnen optimale Entfaltungsmöglichkeiten für ihre Persönlichkeit angedeihen zu lassen.

Wenn Sie in Ihrer Privatsphäre die einzelnen Elemente Ihrer Familienmitglieder geprüft haben, können Sie feststellen, wer in Ihrem Haus gut zusammen harmoniert und bei wem es kompliziert werden kann. Zum Glück gibt es im Feng Shui auch hier eine Lösung, indem man ein ausgleichendes Element ins Spiel bringt.

Ein Beispiel: Ein Familienmitglied ist Element Holz, ein anderes Element Metall. Aus der Fünf-Elemente-Lehre wissen wir, dass Metall Holz zerstört, das ausgleichende Element wäre hier das Wasserelement. Suchen Sie aus der Tabelle auf Seite 70 ff. die Elemente aller Familienmitglieder heraus und prüfen Sie, wer wen fördert beziehungsweise behindert. Daraufhin können Sie einige harmonisierende Maßnahmen im Umfeld der Familienmitglieder gezielt vornehmen.

Geheimnisse der Schlafzimmergestaltung

Nach einer Feng Shui-Analyse können allein im Schlafzimmer bis zu 120 negative Einflüsse vorherrschen, die einen gesunden, erholsamen Schlaf beeinflussen oder auch die Harmonie im Schlafzimmer nachteilig beeinträchtigen. Dabei rangiert das Schlafzimmer als Relax- und Erholungsplatz Nummer eins ganz weit oben auf der Liste, es ist ein Platz in dem Sie etwa ein Drittel Ihres Lebens verbringen. Letztendlich stellt das Schlafzimmer auch den Dreh- und Angelpunkt einer intakten, harmonischen Beziehung mit Ihrem Partner dar, in dem Sie beide Kraft und Energie für Ihre Beziehung und auch für den Alltag schöpfen.

Ob Ihr Schlafzimmer ein gutes oder schlechtes Feng Shui hat, hat auch einen großen Einfluss auf Ihr Partnerschaftsglück. Denn haben Sie eine Summe von Feng Shui-Fehlern in Ihrem Schlafzimmer, werden Sie immer mit Partnerschaftsproblemen zu kämpfen haben und viel Aufwand benötigen, um dies wieder auszugleichen. In Schlafzimmern mit einem niedrigen Energieniveau kommt es häufig zu Streit und im schlimmsten Fall auch zur Scheidung. Wiederum wirkt sich ein gutes Feng Shui im Schlafzimmer nicht nur auf Ihre Partnerschaft positiv aus, sondern auch auf Ihren Erfolg in anderen Lebensbereichen. Schlafen Sie beispielsweise in eine für Sie persönlich günstige Richtung (Ermitteln der günstigen Himmelsrichtungen auf S. 140 ff.), so werden Sie auch im Berufsleben erfolgreich sein.

Wie schon erwähnt, können eine ganze Reihe von Faktoren das Energieniveau und die Harmonie im Schlafzimmer beeinträchtigen, wie sich immer wieder bei Feng Shui-Beratungen herauskristallisiert. Hier sollen nur einige Kriterien angesprochen werden, zumal die räumlichen und auch partnerschaftlichen Konstellationen immer individuell und ganzheitlich vor Ort analysiert werden müssen.

Als Erstes gilt es festzustellen, ob Ihr Schlafplatz von geopathischen Störfeldern, wie zum Beispiel Wasseradern, Curry- oder Benkerlinien, Hartmanngitter oder Elektrosmog, beeinträchtigt wird.

Schlafen Sie in Ihrem Bett ständig schlecht oder unruhig, wachen Sie morgens schlapp auf , fühlen Sie sich unausgeschlafen oder wie gerädert, dann sollten Sie Ihren Schlafplatz auf Störfelder untersuchen lassen. Des Weiteren gilt es Ihr Schlafzimmer auf Feng Shui-Fehler zu untersuchen. Einige Beispiele: Hat Ihr Bett eine feste Rückwand, die rund geschwungen ist, ist das positiv. Haben Sie beispielsweise Spiegel im Schlafzimmer, ist das negativ. Sind auf Ihr Bett scharfe Kanten oder Spitzen (giftige Pfeile) gerichtet, die sie nachts „angreifen" könnten, ist das ebenfalls ungünstig. Schlafen Sie nicht in direkter Linie zwischen Tür und Fenster, da hier der Energiefluss zu stark ist und Sie nachts somit nicht genügend Ruhe finden. Verwenden Sie keine weiße Bettwäsche, da diese an Leichentücher erinnert. Auch symbolisieren getrennte Matratzen oder Bettlaken erste Trennungssignale.

Harmonisieren Sie Ihre beiden Elemente in Ihrem Schlafzimmer, wenn Sie miteinander in Konflikt stehen. Beispiel: Der eine Partner ist Element Feuer, der andere Wasser. Eine Abhilfe wäre in diesem Falle das Element Holz, das heißt die Farbe Grün und Holzgegenstände oder Holzmöbel (siehe auch Elemente-Tabelle).

Haben Sie noch keinen festen Partner oder wollen Sie Ihre Liebesbeziehung stärken, so aktivieren Sie die südwestliche Ecke des Schlafzimmers, denn dort ist das Liebesglück angesiedelt. Rote Gegenstände, blühende Blumen oder Kristalle können hier neben der Partnerschaftsecke (siehe Kapitel 5) Ihr Liebesglück aktivieren.

Feng Shui bietet eine Vielzahl von Möglichkeiten, im Schlafzimmer durch eine richtige und ausgewogene Auswahl von jeweils geeigneten Farben, Formen, Materialien, Accessoires, Düften usw. einen harmonischen Kraftplatz und einen ruhigen Ort zur Entfaltung aller Sinne in Ihrer Partnerschaft zu schaffen. Mit intuitiver Kreativität können Sie gezielt auf Ihren Wohlfühlfaktor und den Ihres Partners im Schlafzimmer Einfluss nehmen.

Vitalität – die Fähigkeit zu regenerieren

Nur eine vitale, ausgeglichene und motivierte Frau kann auf die Dauer erfolgreich sein. Frauen sind zwar leistungsfähiger als Männer, können konzentrierter arbeiten, sind aber auch anfälliger für Krankheiten – wenn starke, einseitige Belastungen und Überlastungen sie aus dem Gleichgewicht bringen.

Eine der gesundheitlichen Zielsetzungen des Feng Shui ist es, eine kontinuierliche Harmonisierung des inneren und äußeren Schwingungsfeldes zu erreichen. Professionelles Gesundheits-, Fitness- und Stress-Management sollten eine feste Größe in Ihrem Terminkalender einnehmen. Planen Sie konsequent Termine für Fitness- und Wohlfühlwochenenden für Ihre gesundheitliche Balance ein. Versuchen Sie mehr auf die äußere Uhr der Natur im Hinblick auf das Gleichgewicht mit Ihrer inneren Uhr und allen gesundheitlichen Belangen zu achten.

Es gibt mehrere hervorragende Feng Shui-Bücher, die sich ausschließlich mit dem Thema „Gesundheit“ beschäftigen. Hier sollen nur einige wichtige grundsätzliche Dinge angesprochen werden, die angesichts der hohen körperlichen Beanspruchungen – nicht nur der berufstätigen Frauen – nicht außer Acht gelassen werden können. Viel zu häufig werden erste Symptome als Botschaften eines gesundheitlichen Ungleichgewichts in Folge von Überanstrengungen ignoriert.

Gesundheitliche und seelische Balance durch gezielte sanfte Übungen zu erreichen und durch bewusstes Atmen Körper und Geist zu stärken sowie den Ch'i-Fluss zu harmonisieren, sind auch Ziel vieler ganzheitlicher fernöstlicher Entspannungstechniken (zum Beispiel Qi-Gong, Tai-Chi, Yoga, Meditation). Sorgen Sie vorbeugend für Ihre Einheit zwischen Körper, Geist und Seele und geben Sie der Hektik des Alltags oder einem möglichen Burn-out keine Chance.

Betrachten Sie Ihre Gesundheit und Ihre seelische Balance als wichtiges Kapital Ihrer inneren Power und als nicht zu unterschätzenden

Wohlfühlfaktor. Konzentrieren Sie sich auf Ihre persönlichen Energiefaktoren.

Gesundheitliche Prävention hatte schon bei den alten Chinesen einen sehr hohen Stellenwert. So bezahlten sie bekanntlich ihren Arzt nur so lange, wie sie gesund waren. Im Krankheitsfalle bekamen die Ärzte kein Geld. Deshalb versuchten die Ärzte präventiv möglichst alle gesundheitsgefährdenden Wohn-, Schlaf-, Ernährungs-, Arbeits- beziehungsweise Bewegungssituationen unter die Lupe zu nehmen, um das Wohlergehen ihrer Patienten zu sichern.

Wie steht es mit Ihrer persönlichen Energiebilanz (Ch'i)? Stimmt die Balance zwischen Psyche, Fitness, Ernährung und Arbeit? Reine Schreibtischarbeiten führen zu Müdigkeit, zum Gefühl der Überforderung, zu Konzentrationsstörungen, Allergien (Immunabwehrschwäche), Migräne und Durchblutungsstörungen. Ch'i und Sauerstoff sind die wichtigsten Kraftstoffe für den Menschen.

Folgendes sollten Sie im Alltag beachten:

- ☯ Bewegen Sie sich jeden Tag mindestens zehn Minuten an der frischen Luft und atmen Sie bewusst tief ein und aus. Effektives Atmen von Sauerstoff ist das A und O für die Gesundheit. Atmen Sie in Ruhe öfter als 15-mal in der Minute? Seufzen Sie häufig oder atmen Sie sehr flach? Eine Atemtherapie, die den natürlichen Atemrhythmus fördert, hilft unter anderem bei Kreislauf- und Verdauungsstörungen, Nervosität, Schlafproblemen, Atemwegserkrankungen und Ängsten. Natürliches Tageslicht ist immer das beste Licht für den Menschen, weil es eine optimale biologische Verträglichkeit hat. Nicht rein zufällig nutzen besonders Kurorte zur Genesung vieler Leiden die heilenden Kräfte, die sich in der Luft und im Wasser befinden.
- ☯ Das Lebenselixier „Wasser" ist ein weiterer wichtiger Kraftspender für den Menschen. Trinken Sie zwei bis drei Liter natürliches Wasser täglich und Sie sind wesentlich leistungsfähiger als mit weniger oder anderen Getränken.

- Eine richtige, gerade Körperhaltung an Ihrem Sitzplatz ist wichtig. Die Stütze des Menschen ist die Wirbelsäule. Richtige Haltung beeinflusst Ihre Leistungs- und Konzentrationsfähigkeit, die Atmung und auch Ihren Stimmapparat. Bei Verspannungen am Arbeitsplatz helfen auch kleine Yoga-Übungen, diese zu lockern.

- Fit auf Fingerdruck verheißt kurzfristig Fitness für zwischendurch. Die richtigen Akupressurpunkte an den Händen, Ohren oder auch an den Füßen, wo die Nerven- beziehungsweise Energiebahnen des Körpers jeweils enden, lösen unmittelbar Energieblockaden im Körper.

- Für Ihren Energiehaushalt ist auch maßgeblich Ihr Schlafplatz verantwortlich. Ein erholsamer und Kraft spendender Schlaf ist eine wichtige Voraussetzung für die körperliche und seelische Fitness. Prüfen Sie Ihren Schlafplatz nach Feng Shui-Kriterien und ganz besonders nach geomantischen beziehungsweise baubiologischen Störfaktoren. Haben Sie zum Beispiel oft Sodbrennen, sollten Sie auf der linken Seite schlafen, denn häufiges Rechtsschlafen führt zu sauren pH-Werten in der Speiseröhre.

- Narben (klein oder groß), verursacht durch Unfälle, Operationen, Kaiserschnitt etc. stellen im Körper Energieblockaden dar, die den Ch'i-Fluss in den Meridianen unterbrechen. Lassen Sie Ihre Narben unbedingt von einem Heilpraktiker entstören!

- Lachen, lachen und nochmals lachen. Lachen als Entspannungs-, Antistresstherapie und Schlafmittel. Viel Lachen ist äußerst gesund, entspannt und harmonisiert – dies bestätigen neueste Forschungsergebnisse. Lassen Sie sich bei allem Ernst des Lebens das Lachen nicht nehmen. Denn das Lachen mit System verbessert das Selbstbewusstsein, stärkt die Abwehrkräfte und reduziert den persönlichen Stress. Lachen vertreibt auch Ängste, innere Anspannungen und baut Hemmungen ab. Haben Sie das Lachen schon verlernt, dann besuchen Sie ein Lachseminar zur Humortherapie. Nicht umsonst ist ein Tag ohne Lachen immer ein verlorener Tag!

- Begrüßen Sie jeden Tag. Stehen Sie morgens positiv auf und bejahen Sie den neuen Tag, denn Fitness beginnt im Kopf.

- Aktivieren Sie zu Hause und in Ihrem Büro die Bagua-Zone „Familie/ Gesundheit“ (Bagua siehe Kapitel 5). Gesunde Pflanzen oder Mineralwasser auf Ihrem Schreibtisch in der Bagua-Zone „Familie/Gesundheit“ platziert, sind hier sehr hilfreich.

Nach der Fünf-Elemente-Lehre werden jedem Element zwei menschliche Organe zugeordnet. Das heißt, wenn Sie beispielsweise das Element Feuer sind, werden Ihnen die Organe Herz und Dünndarm zugeordnet. Diesen Organen sollten Sie besondere Beachtung schenken und diese stärken, denn diese Organe stellen Ihre Achillesferse dar.

Nachfolgende Organe sind den „Fünf Elementen“ zugeordnet:

Feuer – Herz, Dünndarm
Erde – Milz, Magen
Metall – Lunge, Dickdarm
Wasser – Niere, Blase
Holz – Leber, Gallenblase

Viele dieser Hinweise, die den persönlichen Energiehaushalt harmonisieren sollen, sind zwar durchaus bekannt, gehen aber leider allzu oft in der Alltagshektik unter.

Feng Shui-Küche – energiereiche und elementegerechte Ernährung

Suchen Sie auch bei Ihrer Ernährung nach einem neuen, ganzheitlichen Weg zu mehr Energie, Harmonie und auch Lebenskraft. Dabei stehen nicht die westlichen Ernährungsweisheiten wie Kalorien, Kohlenhydrate, Vitamine und Fette im Vordergrund, sondern die energetischen und thermischen Wirkungen der Nahrungsmittel auf den Körper.

Die Wirkungen von Yin- und Yang-Qualitäten der Nahrungsmittel auf den Organismus spielen bei der chinesischen Kochphilosophie eine gravierende Rolle. Es wird immer ein Ausgleich angestrebt. Frische, unverfälschte und unbehandelte natürliche Nahrungsmittel, die unter energetischen Gesichtspunkten optimal zubereitet werden, sind elementare Voraussetzungen für eine gesunde, energiereiche, vollwertige Ernährung.

Für die Oberflächlichkeit, die bei der Auswahl von Nahrungsmitteln in der westlichen Welt vorherrscht, haben die Chinesen kaum Verständnis. Denn auch bei der Auswahl der Nahrungsmittel gehen die Chinesen sehr viel ganzheitlicher vor, indem sie zum Beispiel neben den Energiewerten auch auf den Geschmack, die Schwingung und Temperaturwirkung, die durch die Nahrung erzeugt wird, sowie auch auf die Zubereitungsart achten. Chinesen besitzen für jedes Leiden und jede Krankheit ein bestimmtes Lebensmittel und sind auch der festen Überzeugung, dass eine ausgewogene Yin- und Yang-Ernährung gegen Hautprobleme hilft, Pölsterchen verschwinden lässt und den Körper mit positiver Energie versorgt.

Energiereiche und elementegerechte Ernährungsformen aus dem Reich der Mitte finden auch in Europa nicht rein zufällig immer mehr Anhänger. Wie wichtig eine gesunde Ernährung für die Leistungsfähigkeit und das Wohlbefinden eines Menschen, besonders eines kreativ schaffenden Menschen, ist, kann man nicht treffender sagen als mit dem bekannten Sprichwort: „Du bist, was du isst.“

Die Feng Shui-Ernährungslehre teilt Lebensmittel nach Temperatur und Geschmack ein. Nahrung kann im Körper „warm“ (Yang) oder „kalt“ (Yin) wirken. Und nach der Fünf-Elemente-Lehre ist die Nahrung in fünf Geschmacksrichtungen gruppiert, die wiederum jeweils ein bestimmtes Körperorgan repräsentieren:

Feuer – bitter – Herz, Dünndarm
Erde – süß – Milz, Magen
Metall – scharf – Lunge, Dickdarm
Wasser – salzig – Niere, Blase
Holz – sauer – Leber, Gallenblase

Eine ausgewogene Ernährung enthält von allem etwas.

☯ Wenn Frauen zu Cellulite, kalten Händen und Füßen neigen, so ist das fast immer ein Zeichen von mangelnder Yang-Wärme und Störungen der Milz. Hier sollten Frauen viel erwärmende Speisen, wie erwärmendes Yang-Getreide und -Gemüse essen.

☯ Wenn Ihnen ständig kalt ist, sollten Sie, um die Milz zu stärken, zumindest erwärmenden Tee (Ingwertee) dazu trinken.

☯ Wenn Frauen zu Bluthochdruck neigen, kann dies im Gegensatz dazu ein Zeichen von zu viel Yang-Wärme sein. Hier sind Yin-Speisen angesagt: Yin-Gemüse, Obst wie Bananen, Äpfel, Orangen und Blattsalate, denn das sind abkühlende Speisen (Yin).

Die Lebensenergie (Ch'i) wird durch pflanzliche Nahrung besonders schnell angeregt. Aber bitte: wenig Alkohol, Kaffee und Zucker! Kaffee ist übrigens Yin, mehr als eine Tasse pro Tag schwächt Ihre Energie. Auch wenig Wasser trinken ist Yin. Beides zusammen ist doppelt schlecht.

So wie jeder Mensch und jeder Gegenstand bestimmte Schwingungen aussendet, schwingen auch die Speisen, die wir verzehren. Umso wichtiger ist es, frische und vollwertige heimische Nahrungsmittel der jeweiligen Saison zu essen, da sie die für uns optimale und passende Nahrung sind. So wachsen nicht rein zufällig gewisse Nahrungsmittel hier und ganz andere wiederum in Afrika.

Es ist auch ratsam, möglichst saisonale Speisen zu essen, die zur entsprechenden Jahreszeit wachsen. Beispiel: Essen Sie keine Erdbeeren im Winter oder Kohlsorten im Sommer.

Alles, was wir essen, hat einen direkten Einfluss auf unseren Energiehaushalt und unser Wohlbefinden, also sollten wir diesem Thema große Beachtung schenken. Die Chinesen gehören zu den gesündesten Menschen und werden weltweit am ältesten. Nicht zuletzt wegen ihrer fettarmen Ernährung und energiereichen Zubereitungsformen wie hauptsächlich Garen oder Dünsten. Wir alle kennen den auch in Europa immer beliebter werdenden Wok. Der Wok gart die Lebensmittel durch gleichmäßige Hitzeeinwirkung und kocht somit die Mahlzeit nicht „tot". Vitamine und Nährstoffe bleiben erhalten.

Die Chinesen bringen jedes Lebensmittel in Zusammenhang mit einer bestimmten Heilwirkung. Das Ch'i wird der Atemluft und der Nahrung entzogen und den Organen über Energieleitbahnen (Meridiane und Blutbahnen) zugeführt.

Hierzu empfehle ich ausführliche Literatur wie beispielsweise „Das Fünf Elemente Kochbuch" oder „Die Tao-Diät".

Wir beschränken uns hier auf eine Kurzübersicht, was die Nahrungsmittel nach der Fünf-Elemente-Lehre bewirken, sowie eine kleine Auswahl verschiedener Lebensmittel.

Holz – bewahrt Säfte, zieht zusammen
zum Beispiel Huhn, Ente, Dinkel, Weizen, Dickmilch, Frischkäse, Tomate, Zitrone, Kirschsaft, Champagner, Weißwein, Weizenbier

Feuer – trocknet aus, leitet (Ch'i Energie) nach unten
zum Beispiel gegrilltes Fleisch, Lamm, Buchweizen, Schafskäse, Roggen, Feldsalat, grüner Tee, Schwarztee, Rotwein, Cognac

Erde – entspannt, befeuchtet, verteilt, baut Ch'i auf
zum Beispiel Zimt, Fenchel, süßer Reis, Kürbis, Rosinen, Likör, Hirse, Mais, Möhren, Kuhmilch, Käse, Gerste, Malzbier, Traubensaft, Apfel, Sonnenblumenkerne, Olivenöl

Metall – löst Stagnation, leitet nach oben
zum Beispiel Chili, Curry, Hafer, Wild, Fleisch, Frühlingszwiebel, Käse, Ingwer, Basilikum, Reis, Pfefferminztee, Gans, Pute, Korn

Wasser – weicht auf, leitet nach unten
zum Beispiel Fisch, Erbsen, Linsen, Sojabohnen, Salz, Sojasoße, Mineralwasser, Weißwein

Bei der Zubereitung Ihrer Mahlzeiten sollte kein Element ignoriert werden. Die Mahlzeiten sollten möglichst abwechslungsreich und innerhalb der Fünf-Elemente-Nahrungsmittelgruppen gut gemischt und energiereich zubereitet werden. Ausgewogenheit zwischen allen Elementen ist oberstes Gebot.

Gesunde Nahrung und täglich mindestens zwei Liter natürliches, gutes Wasser bedeuten in erster Linie Gesundheit, aber natürlich auch eine gesteigerte Vitalität und Leistungsfähigkeit, die Ihren Aktivitäten zugute kommt.

Balanceakt „Karriere und Beziehung/Familie"

Die Karrierefrauen in Toppositionen in Wirtschaft und Politik sind gewaltig auf dem Vormarsch. Durch den Beginn des Wassermann-Zeitalters im Jahr 2008 werden es die Frauen leichter haben, sich in einer „men's world" zu behaupten. Da wir uns zurzeit in dieser Umbruchphase befinden, bestimmen viele Konflikte und partnerschaftliche Machtkämpfe zwischen Frauen und Männern den Alltag. Die klare Aufgabenteilung „Mann = Karriere" und „Frau = Familie, Haushalt und

Kinder" gilt so nicht mehr. Dies bringt selbstverständlich viele Probleme mit sich.

Wie stark Karrierefrauen die Toppositionen erobern, sehen wir besonders in der Politik. Eine Ministerin nach der anderen wird in den deutschen Bundestag berufen. Noch vor etwa zehn Jahren wäre dieses kaum vorstellbar gewesen. Aber die Zeiten ändern sich. Starke Frauen als Vorbilder finden wir immer häufiger, und das ist wichtig für viele andere, um selbst die Initiative zu ergreifen und nach Toppositionen zu streben. Gleich viele Frauen wie Männer bestehen das Abitur und studieren. Auch unter den Berufsanfängern ist das Verhältnis noch ziemlich ausgeglichen. Aber dann ab dem Alter von 28 bis 35 Jahren klafft eine große Lücke. Das hat rein biologische Gründe, denn in diesem Alter bekommen die meisten Frauen ihr erstes Kind. Hier gilt es anzusetzen und möglichst von Beginn an nachfolgende Punkte für sich persönlich zu klären:

- Wollen Sie länger als fünf bis sechs Jahre eine Kinderpause einlegen?

- Harmonisieren Sie die Elemente Ihrer Familienmitglieder (siehe Kapitel 3)?

- Beachten Sie grundsätzliche Feng Shui-Regeln in Ihrem Haus, damit Sie mit Ihren Familienmitgliedern harmonisch und erfolgreich zusammen leben können?

- Aktivieren Sie von Zeit zu Zeit die Bagua-Zone „Karriere" in Ihrem Haus und speziell im Büro?

- Wichtig! Bleiben Sie während dieser Zeit zu Hause die ganze Zeit in Kontakt mit Ihrem Beruf. Machen Sie einmal im Jahr einen Fortbildungskurs. Informieren Sie sich laufend, wie sich Ihr Berufsbild verändert, und bleiben Sie „am Ball"! Dann kann der Neustart nur positiv ausfallen.

Wenn Sie wieder ins Berufsleben eingestiegen sind, beginnt der eigentliche Balanceakt. Dies kann nicht aus der hohlen Hand und ohne Planung optimal funktionieren. Jetzt ist es wichtig, die Arbeitstage während der Woche so zu organisieren, dass Ihre Kinder gut versorgt und betreut sind. Geben Sie lieber am Anfang mehr Geld für die Betreuung Ihrer Kinder aus, damit Sie den Rücken frei haben, um sich ganz auf den Karriere-Neustart zu konzentrieren. Umso mehr kann man dann die freie Zeit und die Wochenenden mit der Familie genießen. Strukturieren Sie ihren Alltag genau durch, damit Sie nicht mit halbem Herzen im Job und mit der anderen Hälfte zu Hause sind. Erst wenn Sie dies alles regeln können, werden Sie Karriere machen. Es gibt immer wieder Beispiele, wo dies funktioniert. Haben Sie zu Hause ein gutes Feng Shui, werden Sie zwar immer noch mit Problemen konfrontiert, aber Sie können viel besser damit umgehen und sie lösen.

Kapitel 3

Charakteristik nach den „Fünf Elementen“

Kennen Sie Ihr persönliches Element?

Kennen Sie Ihr persönliches Element, dann kennen Sie auch Ihr wahres Naturell und Ihre Schwingungsebenen.

Bekannte Aussagen wie „Die beiden sind wie Feuer und Wasser“ charakterisieren Erfahrungen aus dem täglichen Sprachgebrauch. Um Erkenntnisse über das Wesen eines Menschen zu gewinnen, wendet die westliche Welt unterschiedliche Erfahrungswerte an, wie zum Beispiel die Numerologie, die versucht, nach Schlüsselzahlen den Menschen zu charakterisieren, oder die westliche Astrologieanschauung, die den Menschen nach verschiedenen Sternkonstellationen und Berechnungen entsprechende Eigenschaftsmerkmale zuordnet.

Aus diesem Grunde ist es für Sie besonders wichtig, Ihr persönliches Element zu ermitteln. Nur wenn Sie Ihr persönliches Element mit den speziellen Eigenschaften genau kennen, können Sie mit Ihrem unmittelbaren Wohn- und Arbeitsumfeld und Ihrem Beruf angenehm und inspirierend korrespondieren. Die Eigenschaften der fünf Elemente zeigen unmittelbar und direkt Wirkung auf Ihr körperliches Befinden. Im Vergleich zu den Elementen der acht Trigramme, die ähnlich wie die westliche Astrologie angewandt werden und eine deutlich langsamere Ausstrahlungskraft auf sie haben.

Sie werden im Umgang mit dieser Fünf-Elemente-Lehre sehr schnell lernen, nutzbringende Signale an Ihren Körper bewusst wahrzunehmen, sich mit Ihrem Element auf fördernde oder zerstörende Faktoren in Ihrem Umfeld, der Architektur und Einrichtungsgestaltung, aber auch Menschen gegenüber entsprechend einzustellen wissen. Sie werden merken, ob Ihr physischer Körper sich in einer bestimmten Situation wohl fühlt oder nicht.

Zur Ermittlung Ihres persönlichen Elements orientieren Sie sich nach Ihrem Geburtsjahr. Bestimmen Sie in der nachfolgenden Tabelle mit Ihrem Geburtsjahr anhand des Mondkalenders Ihr Element. Beachten Sie dabei bitte, dass das Jahr nicht jeweils am 1. Januar, sondern entweder am 4. oder 5. Februar entsprechend der Mondkonstellation beginnt. Die markierten Jahre beginnen jeweils am 5. Februar und die nicht markierten jeweils am 4. Februar.

Ihr Geburtsjahr	**Ihr Element**	**Ihr Geburtsjahr**	**Ihr Element**
02.02.1908*	Erde	05.02.1924*	Holz
22.01.1909	Erde	25.01.1925	Holz
10.02.1910*	Metall	13.02.1926	Feuer
10.01.1911*	Metall	02.02.1927*	Feuer
18.02.1912*	Wasser	23.01.1928*	Erde
06.02.1913	Wasser	10.02.1929	Erde
26.01.1914*	Holz	30.01.1930	Metall
14.02.1915*	Holz	17.02.1931*	Metall
03.02.1916*	Feuer	06.02.1932*	Wasser
23.01.1917	Feuer	26.01.1933	Wasser
11.02.1918	Erde	14.02.1934	Holz
01.02.1919*	Erde	04.02.1935*	Holz
20.02.1920*	Metall	24.01.1936*	Feuer
08.02.1921	Metall	11.02.1937	Feuer
28.01.1922	Wasser	31.01.1938	Erde
16.02.1923*	Wasser	19.02.1939*	Erde

Ihr Geburtsjahr	Ihr Element	Ihr Geburtsjahr	Ihr Element
08.02.1940*	Metall	15.02.1972*	Wasser
27.01.1941	Metall	03.02.1973	Wasser
15.02.1942	Wasser	23.01.1974	Holz
05.02.1943*	Wasser	11.02.1975	Holz
25.01.1944*	Holz	31.01.1976*	Feuer
13.02.1945	Holz	18.02.1977	Feuer
02.02.1946	Feuer	07.02.1978	Erde
22.01.1947*	Feuer	28.01.1979	Erde
10.02.1948*	Erde	16.02.1980*	Metall
29.01.1949	Erde	05.02.1981	Metall
17.02.1950	Metall	25.01.1982	Wasser
06.02.1951	Metall	13.02.1983	Wasser
27.01.1952*	Wasser	02.02.1984	Holz
14.02.1953	Wasser	20.01.1985	Holz
03.02.1954	Holz	09.02.1986	Feuer
24.01.1955	Holz	29.01.1987	Feuer
12.02.1956*	Feuer	17.02.1988	Erde
31.01.1957	Feuer	06.02.1989	Erde
18.02.1958	Erde	27.01.1990	Metall
08.02.1959	Erde	15.02.1991	Metall
28.01.1960*	Metall	04.02.1992	Wasser
15.02.1961	Metall	23.01.1993	Wasser
05.02.1962	Wasser	10.02.1994	Holz
25.01.1963	Wasser	31.01.1995	Holz
13.02.1964*	Holz	19.02.1996	Feuer
02.02.1965	Holz	07.02.1997	Feuer
21.01.1966	Feuer	28.01.1998	Erde
09.02.1967	Feuer	16.02.1999	Erde
30.01.1968*	Erde	05.02.2000	Metall
17.02.1969	Erde	24.01.2001	Metall
06.02.1970	Metall	12.02.2002	Wasser
27.01.1971	Metall	01.02.2003	Wasser

Ihr Geburtsjahr	Ihr Element	Ihr Geburtsjahr	Ihr Element
22.01.2004	Holz	23.01.2012	Wasser
09.02.2005	Holz	10.02.2013	Wasser
29.01.2006	Feuer	31.01.2014	Holz
18.02.2007	Feuer	19.02.2015	Holz
02.02.2008	Erde	08.02.2016	Feuer
26.01.2009	Erde	28.01.2017	Feuer
14.01.2010	Metall	16.02.2018	Erde
03.02.2011	Metall		

Elemente-Zuordnungstabelle

Ihr persönliches Element lautet: ____________

Das persönliche Element Ihres Partners: ____________

Das persönliche Element Ihres 1. Kindes: ____________

Das persönliche Element Ihres 2. Kindes: ____________

Das persönliche Element Ihres 3. Kindes: ____________

Das persönliche Element Ihrer Mutter: ____________

Das persönliche Element Ihres Vaters: ____________

Das persönliche Element Ihrer Schwiegermutter: ____________

Das persönliche Element Ihres Schwiegervaters: ____________

Das persönliche Element sonstiger Familienmitglieder: ____________

Das persönliche Element des Nachbarn: ____________

Das persönliche Element sonstiger Personen: ____________

Beruflich

Das persönliche Element des Chefs/Geschäftspartners: ____________

Das persönliche Element von sonstigen Vorgesetzten: ____________

Das persönliche Element von Kollegen/Kolleginnen: ____________

Das persönliche Element von anderen wichtigen Personen: ____________

Schreiben Sie diejenigen Namen, die eine zerstörerische/nachteilige Beeinflussung auf Ihre Person ausüben, mit dem jeweiligen Element nachfolgend auf, um sich gezielt darüber Gedanken zu machen, wie Sie diese Situation harmonisieren können.

Name: ______________ Element: _______ Situation: ___________

Name: ______________ Element: _______ Situation: ___________

Name: ______________ Element: _______ Situation: ___________

Prüfen Sie zunächst die Bedeutung der jeweiligen Elemente in Bezug auf Ihr familiäres Zusammenleben. Wer fördert wen in Ihrer Familie beziehungsweise wer beeinträchtigt wen negativ (siehe Förderungs- beziehungsweise Zerstörungszyklus). Erweitern Sie diese Analyse auf Ihre Bekannten, Nachbarn, Mitarbeiter etc.

Im Verhältnis zu anderen Menschen ergeben sich daraus bestimmte Positiv- beziehungsweise Negativkonstellationen. Es umgeben Sie bestimmt auch in Ihrem Leben Menschen, die Ihnen nicht gut tun oder Sie in irgendeiner Form unterdrücken oder erdrücken. Im schlimmsten Fall spricht man von „Mobbing". Man kann jedoch etwas gegen solche Negativkonstellationen unternehmen. Sie müssen hier ein ausgleichendes Element schaffen. Dieser Ausgleich kann so aussehen, dass Sie eine Person des jeweiligen ausgleichenden Elements ins Spiel bringen. Oder sich selbst in Ihrem Büro durch Gegenstände und Farben des ausgleichenden Elements stärken.

Orientierung nach den „Fünf Elementen“

Ihr Element	Wasser	Holz	Feuer	Erde	Metall
Fördernde Farben	Blau, Silber, Gold, Schwarz	Grün, Blau	Rot, Grün	Braun, Beige, Gelb, Rot, Orange	Silber, Gold, Gelb, Weiß, Grau
Nachteilige Farben	Beige, Braun, Rot	Silber, Gold, Grau	Blau	Grün	Rot
Materialien	Glas	Holz, Papier, Bambus	Holz (Kunststoff)	Keramik, Steine, Erde, Ton, Wolle	alle Metalle
Formen	unregelmäßig, wellenförmig	hoch, rechteckig, zylindrisch	spitz, dreieckig, zackig	flach, quadratisch, rechteckig	rund, halbrund, kreisförmig
Accessoires	Wasserfallbild, Tischbrunnen	hohe Pflanzen	Lampen, Tischlampen, Kerzen	Keramiken, Tonschalen, Pflanzen	Metall-figuren, Uhren
Bewegung	abwärts	in alle Richtungen ausdehnend, oben	nach oben ausdehnend	horizontal ausdehnend, zusammen-ziehend	zentriert, nach innen

Diese Elemente-Zuordnung soll Ihnen helfen, sich für die einrichtungstechnische Gestaltung der Wohn- und Arbeitsräume zu sensibilisieren. Beispielsweise fühlen sich Menschen mit dem Element Feuer auf die Dauer in stark blau geprägten Räumlichkeiten unwohl, reagieren nervös und agressiv. Farben, Materialien und Formen bedingen die Raumatmosphäre. Diese wird entweder förderlich oder hinderlich verschieden intensiv wahrgenommen. Ungünstige Beeinflussungen lassen sich mit gezielten Maßnahmen wie Farb- und Formgestaltung beziehungsweise Dekoration jederzeit neutralisieren.

Weitere Orientierungshilfen für eine förderliche, harmonische oder aber beeinträchtigende Atmosphäre Ihres Elemente-Typs finden Sie in der folgenden Tabelle.

Ihr Element	Wasser	Holz	Feuer	Erde	Metall
Richtungen	Nord	Ost	Süd	Mitte, Zentrum	West
Jahreszeiten	Winter	Frühling	Sommer	Herbstanfang	Herbstende
Zeiten	Nacht	Morgen	Mittag	Nachmittag	Abend

Die Kenntnisse über Ihre persönliche Farbcodierung hilft Ihnen, ein für Sie förderliches kreatives Energieumfeld zu schaffen. Ergänzend zu den Tabellen sehen Sie in der folgenden Auflistung von Hilfsmitteln, wie man sein eigenes Geburtselement im Haus, im Büro und auf dem Schreibtisch stärken kann.

Feuer
grüne, aber nicht rote Wände, Pflanzen (Holz nährt Feuer), rote Gegenstände, Kerzen, Kunststoffe, rotes Band

Wasser
blaue, hellblaue Wände, Zimmerbrunnen, Aquarium, Wasserfallbild, Glasgegenstände, Metallgegenstände, Bilder mit Fischen

Erde
gelbe Wände, braune und erdfarbene Wände und Bilder, Terrakottaschalen und -töpfe, einige rote Accessoires, braune Schreibtischunterlage

Metall
graue, aber auch gelbe oder weiß-neutrale Wände, Metallutensilien auf dem Schreibtisch, Metallpapierkorb, Metallkugelschreiber, gelber Teppich, Metallfiguren in der Wohnung

Holz
grüne, auch blaue Wände, Holz in jeder Form, Wasserfallbild, Springbrunnen mit runden Blättern – nie Kakteen aufstellen

Job oder Berufung? Ganzheitliche Berufswahl

Weniger als ein Drittel aller berufstätigen Menschen arbeitet in einem Beruf, der Spaß macht und den wahren Neigungen entspricht. Fühlen Sie sich wirklich in Ihrem (Berufs-)Element? Oder mussten Sie in die Fußstapfen Ihrer Eltern treten? Hatten Sie womöglich noch ganz andere Zwänge, die Sie zu Ihrer Berufswahl bewegt haben?

Früher hieß es: „Wie der Vater – so der Sohn!" Heute sucht sich jeder selbst seinen Beruf. Zwei nicht ganz unerhebliche Fragen drängen sich an dieser Stelle auf: Nach welchen Kriterien suchen sich die heutigen Berufsanfänger ihren Beruf? Und wie zufrieden fühlen sich diese in ihrem Berufszweig? Vielfach erscheint der nächstbeste freie Ausbildungsplatz gut genug, um damit in ein möglicherweise vierzigjähriges Berufsabenteuer zu starten.

Von Kindergarten, Schule bis hin zum Berufsleben unterliegen wir gewissen unbewussten Zwängen des Mainstreams. Nur wenige finden ihre wahren Talente und somit ihren Idealberuf. Die Mehrzahl aller Berufstätigen glänzt nicht unbedingt vor Zufriedenheit, sondern sieht ihren Beruf zur Sicherung ihres Status quo. Also insgesamt eine nicht unbedingt zufrieden stellende Bilanz aller Berufstätigen mit ihrem erwählten Beruf.

Zusammenfassend kann man sagen, dass sich die meisten Berufstätigen in ihrem Beruf nicht unbedingt glücklich, geschweige denn sich dazu berufen fühlen. Beruf oder Berufung? Laut Lexikon wird Berufung wie folgt definiert: „Berufung, allgemein die göttliche Bestimmung zu einem bestimmten Beruf oder Stand ..." Diese Aussage lassen wir einfach so im Raum stehen und prüfen, welche Prinzipien Feng Shui zum Thema „Beruf" bereithält.

Im Feng Shui wird ganzheitlich nach dem intuitiven beziehungsweise „karmischen" Beruf im Leben gefragt, gesucht und gefunden. Aber wer versucht in der heutigen Zeit seine wahre, intuitive Berufung zu erfragen? Nur noch sehr wenige Menschen haben den intuitiven Berufsinstinkt. Frauen sind da von Haus aus etwas intuitiver und offener für ihr persönliches Umfeld und folgen bei der Berufswahl öfter als Männer einer von außen durch bestimmte Schlüsselreize nicht zu erklärenden gefühlsmäßigen Ahnung.

Für jeden Menschen gibt es eine gewisse Aufgabe auf diesem Planeten. Danach intensiv zu suchen, diese zu finden und diese Aufgabe ordentlich zu erfüllen ist die eigentliche Lebensaufgabe des Menschen. Dies ist eine metaphysische Entwicklung zur Selbsterfüllung in unserem Universum. Haben Sie Ihre eigentliche Lebensaufgabe im Universum ernsthaft hinterfragt, gesucht oder womöglich auch schon gefunden?

Superstars, Berühmtheiten und erfolgreiche Menschen sind nicht rein zufällig so erfolgreich im Leben geworden. Im Gegenteil: Diese Menschen haben meist, in für sie völlig aussichtsloser Zeit und nicht selten großer Not, ernsthaft ihre persönliche berufliche Intuition hinterfragt und eventuell neue Ziele gefunden. Und nur so, „online" mit ihren wahren Fähigkeiten und Potenzialen, sind diese Menschen zu Weltklasseleistungen imstande.

Diese Intuition, unser individuelles Schwingungsfeld, unsere innere Stimme, kann auch mithilfe der Kinesiologie – am besten durch einen erfahrenen Kinesiologen – ermittelt werden.

Dadurch erfahren Sie auf jeden Fall Ihre wahre Berufung, wenn Sie diese heute noch interessieren sollte.

Ergänzend zur Ermittlung des idealen Berufs nach Feng Shui werden gewisse Zuordnungen nach der Fünf-Elemente-Lehre, bezogen auf Tätigkeitsfelder beziehungsweise Branchen, vorgenommen. Sie kennen ja nun Ihr persönliches Element. Suchen Sie in den nachfolgenden

Abschnitten nach Ihrem Element und nutzen Sie diese jahrtausende-alten Erfahrungen im Umgang mit Ihren Mitmenschen im Berufs- und auch Privatleben.

Die Feuer-Frau

Natürliche Charaktereigenschaften

Die Grundenergie der Feuer-Frau ist vergleichbar mit dem Sommer oder der Mittagshitze. Sie ist impulsiv, entschlossen und sehr selbstsicher. Die Feuer-Frau besitzt sehr gute Führungsqualitäten und kann Menschen positiv motivieren.

Bei übertriebenem Ehrgeiz kann es zu Egoismus und rücksichtslosem Verhalten kommen. Die Energien müssen in die richtigen Bahnen gelenkt werden, damit Sie aus Ihrem Potenzial viel Gutes schöpfen können und nicht übers Ziel hinausschießen.

Ihre Partner

Prüfen Sie zuerst, welchem Geburtselement Ihr Partner zugeordnet ist. Bei der folgenden Gegenüberstellung können Sie feststellen, ob das jeweilige Element Sie nährt und somit unterstützt oder kontrolliert beziehungsweise zerstört. Als Abhilfe kann man ein drittes Element zum Ausgleichen hinzunehmen.

Elemente-Assoziationen in der Partnerschaft

Ihr Element	Element des Partners	Relation	Element zur Harmonisierung
Feuer	Wasser	nachteilig	Holz
Feuer	Holz	förderlich	–
Feuer	Erde	förderlich	–
Feuer	Metall	nachteilig	Erde
Feuer	Feuer	neutral	–

Feuer und Wasser

Die Leidenschaft der Feuer-Frau und ein unterkühlter Wasser-Mensch harmonieren nicht miteinander. Bis Sie sich sinnvoll ergänzen, sind viele Gespräche erforderlich. Bringen Sie verstärkt das Element Holz ins Spiel, weil es das Feuer nährt und das Wasser-Element abschwächt. Holz wird auch repräsentiert durch die Farbe Grün, blühende Pflanzen, Blumen und Bäume.

Feuer und Holz

Dem Holz-Element erscheint die Feuer-Energie der Feuer-Frau zu sprunghaft. Holz gibt der impulsiven Feuer-Frau Stabilität, die Feuer-Frau regt dafür im Gegenzug die Kreativität des Holz-Partners an.

Feuer und Erde

Der bodenständige Erde-Partner wird durch die Energie der Feuer-Frau genährt und profitiert von ihrer Begeisterungsfähigkeit. Die sporadische Oberflächlichkeit der Feuer-Frau wird durch den Erde-Partner reduziert. Sie verliert allerdings manchmal die Geduld, weil ihr Erde-Partner zu konservativ und bodenständig auf sie wirkt.

Feuer und Metall

Das starre Metall-Element wird die Feuer-Frau beherrschen. Die Feuer-Frau hingegen ist zu stark und will den Metall-Partner versuchen zu verändern. Dies führt zu erheblichen Spannungen. Bringen Sie viel Erde-Element in diese Beziehung. Erde wird repräsentiert durch die Farben Braun, Beige oder durch Terrakotta, Keramik, Ton und Steine.

Feuer und Feuer

Ein Feuerwerk von Leidenschaft und Energie. Beide Partner sind enthusiastisch und ständig auf der Suche nach neuen Reizen, das auch zu Unruhe führt. Insgesamt eine neutrale Verbindung.

Berufe

Feuer-Frauen verfügen über gute Führungsqualitäten und streben in einer Gruppe von Menschen oder in ihrer jeweiligen Branche immer nach leitenden Positionen. In folgenden Branchen fühlen sich Feuer-Frauen besonders wohl, weil sie hier mit ihrem Element in Einklang und Harmonie stehen: Gastronomie, Bäckerhandwerk, chemische Industrie, Metzgerei, Verarbeitung von Tierprodukten, Verlagswesen, Schauspieler, Öffentlichkeitsarbeit, Rechtsberufe, Mode.

Die Stärken der Feuer-Frau

ausdrucksstark, leidenschaftlich, führungsfähig, entschlossen, selbstsicher, abenteuerlustig, offen für Neues, kreativ

Die Schwächen der Feuer-Frau

Ungeduld, Egoismus, rücksichtslos, zu impulsiv, aggressiv und hyperaktiv

Outfit

In Ergänzung zu anderen Abschnitten dieses Buch, in denen auch auf das Outfit näher eingegangen wird, erhalten Sie in der folgenden Tabelle noch einige Hinweise, wie Sie sich als aktive Feuer-Frau kleiden und woraus Ihre persönlichen Accessoires bestehen sollten:

Vorteilhafte Bekleidungsmerkmale für das Element Feuer

Kleidung	Farben	Accessoires	Materialien
Hosenanzüge, Kostüme	Grüntöne, mindestens ein rotes Teil, nie Blau verwenden	dreieckige Formen, runde Plastikknöpfe	natürliche Materialien sind immer richtig
Blusen, Tops	orangefarben, rosa, pinkfarben	Schreibgeräte aus Kunststoff	Feuerfrauen dürfen auch Kunststoffe tragen
Kleider in A-Linie		dreieckige oder runde Taschen (nicht zu groß)	Seide
Dreiecksmuster bevorzugen		Edelsteine in Gold, Holzschmuck	Lederbekleidung
Dessous	rot	Schuhe mit mittlerem Absatz	

Die Erde-Frau

Natürliche Charaktereigenschaften

Die Grundcharaktereigenschaften der Erde-Frauen werden mit der Mitte symbolisiert. Sie wirkt stabilisierend und ausgleichend. Erde-Frauen sind realistisch und bodenständig, ehrlich und verlässlich. Sie sind gute Planer und Organisationstalente. Ihre Voraussicht ist gut und sie leiten bevorzugt Unternehmungen, die eine feste Hand benötigen.

Ihre Partner

Prüfen Sie bitte in der Tabelle, welchem Geburtselement Ihr Partner zugeordnet ist. Bei der folgenden Gegenüberstellung können Sie feststellen, ob das jeweilige Element Sie nährt oder kontrolliert. Ein drittes Element kann zur Harmonisierung und Abhilfe hinzugenommen werden.

Elemente-Assoziationen in der Partnerschaft

Ihr Element	Element des Partners	Relation	Element zur Harmonisierung
Erde	Feuer	förderlich	–
Erde	Wasser	nachteilig	Metall
Erde	Holz	nachteilig	Feuer
Erde	Metall	förderlich	–
Erde	Erde	neutral	

Erde und Feuer

Der Feuer-Partner nährt die Erde-Frau durch seine Feuer-Energie. Die bodenständige Erde-Frau profitiert von der Begeisterungsfähigkeit des Feuer-Partners. Die Erde-Frau reduziert wiederum die sporadische Oberflächlichkeit des Feuer-Partners. Erde-Frauen sind konservativ, und damit hat der Feuer-Partner manchmal zu kämpfen, weil er eher offen und impulsiv mit dem Kopf durch die Wand möchte. Insgesamt eine sehr positive Verbindung.

Erde und Wasser

Die Erde-Frau kontrolliert im Zerstörungszyklus der Elemente den Wasser-Partner. Dies ist keine einfache Verbindung. Erde-Frauen suchen das Verlässliche, dagegen sind Wasser-Menschen mehr wechselhaft. Der Wasser-Partner kann aber die Erde mit seiner Phantasie faszinieren und die Erde-Frau kann dem Wasser-Partner einen gewissen Halt bieten. Als verbindendes Element hilft hier Metall. Metallene Gegenstände, Eisenmöbel, Metallmobiles, die Farben Weiß, Silber, Gold.

Erde und Holz

Der Holz-Partner kontrolliert die Erde-Frau. Das begeisterungsfähige Holz ist der bodenständigen Erde-Frau suspekt. Die Verbindung hat nur eine Chance, wenn sich der Holz-Partner auf die Erde-Frau zubewegt. Hier muss das Feuer-Element zur Harmonisierung dieser beiden Elemente ins Spiel gebracht werden. Dies kann durch Lampen, rote Kerzen, Kaminfeuer und die Farben Rot und Violett erreicht werden.

Erde und Metall

Das Metall-Element kommt im übertragenen Sinne aus der Erde, und somit fühlt sich der Metall-Mensch bei der Erde-Frau geborgen. Ein Metall-Partner verleiht der Erde-Frau Ehrgeiz und Dynamik. Materielle Dinge spielen eine große Rolle. Insgesamt eine harmonische Beziehung.

Erde und Erde

Diese harmonische Beziehung wird von Einfühlungsvermögen und Sinnlichkeit geprägt. Beide streben nach materieller Sicherheit. Leider kommen hier Spontaneität und Lebensgenuss häufig zu kurz. Versuchen Sie manchmal aus Ihrem Alltag auszubrechen.

Berufe

Erde-Frauen verfügen immer über gute Gründe für alles, was Sie tun. Erde-Frauen sind eher konservativ und nicht unbedingt risikofreudig. Sie können gut Geschäfte organisieren und leiten, die eine solide verwaltende Führung benötigen. Ihre Projekte werden langsam, aber beständig wachsen. Sie sind ausgezeichnete Managerinnen. Ihre bevorzugten Tätigkeitsfelder und Branchen, die dem Erde-Eelement entsprechen, sind: Immobilienbranche, Bauindustrie, Landwirtschaft, Medizin, Verwaltung, Personalberatung, Kindertagesstätten, Vermögensberatung, Börsenmakler, Sport.

Die Stärken der Erde-Frau

konservativ, ausgleichend, stabilisierend, in der Mitte ruhend, realistisch, ehrlich, treu, verlässlich, beständig und bodenständig, kann gut organisieren

Die Schwächen der Erde-Frau

unentschlossen, behäbig, starr und phlegmatisch

Ihr Outfit

Wie Sie sich als berufstätige Erde-Frau kleiden und welche persönlichen Accessoires Sie auswählen sollten, sehen Sie in der nachfolgenden Tabelle.

Vorteilhafte Bekleidungsmerkmale für das Element Erde

Kleidung	Farben	Accessoires	Materialien
Business-kleidung: Hosenanzüge, Kostüme	Erdfarben (braun, beige), aber auch rot, pink, orange	rechteckige Taschenformen	Naturmaterialien wie Wolle, Baumwolle, Leder
Blusen, Tops	rot, pink, gelb	Lederarmbanduhr, keine Metalluhr	
Halstücher	rot, gelb	Schuhe maximal mittlere Absatzhöhe	
Dessous	beige, rot		

Die Metall-Frau

Natürliche Charaktereigenschaften

Metall ist ein starres, sich zusammenziehendes Element. Die Metall-Frau ist gut strukturiert, streng und resolut, je nach Tierkreiszeichen. Sie ist von starken Gefühlen geleitet und verfolgt ihr Ziel berechnend, ohne zu zögern. Die Metall-Frau zeichnet ein starker Ehrgeiz aus, somit wirkt sie auf andere immer sehr entschlossen und lässt sich nicht von ihrem Kurs abbringen. Es besteht manchmal die Gefahr des Dogmatismus und der Unflexibilität. Macht, Geld und Luxus sind ihr wichtig.

Ihre Partner

Welches Element hat Ihr Partner? Bei der folgenden Gegenüberstellung können Sie feststellen, ob das jeweilige Element Sie nährt oder aber kontrolliert. Zur Harmonisierung von zwei sich kontrollierenden Elementen kann gezielt ein drittes Element zu Hilfe genommen werden.

Elemente-Assoziationen in der Partnerschaft

Ihr Element	Element des Partners	Relation	Element zur Harmonisierung
Metall	Feuer	nachteilig	Erde
Metall	Wasser	förderlich	–
Metall	Holz	nachteilig	Wasser
Metall	Erde	förderlich	–
Metall	Metall	neutral	–

Metall und Feuer

Das starre Metall-Element wird den Feuer-Partner beherrschen. Der Feuer-Partner ist aber zu stark, um beherrscht zu werden, und will wiederum versuchen, die Metall-Frau zu ändern. Erhebliche, ständige Spannungen sind die Folge. Um diese Beziehung zu harmonisieren, braucht es viel Erde-Qualität. Erde wird repräsentiert durch die Farben

Braun und Beige. Auch Terrakotta, Keramik, Ton und Stein werden dem Erde-Element zugeordnet.

Metall und Wasser

Eine gefühlvolle Beziehung, da die Metall-Frau dem Wasser-Partner vermitteln kann, wie er seine Ziele besser durchsetzt und sich nicht so leicht beeinflussen lässt. Auch die Metall-Frau profitiert von dieser Verbindung, da der Wasser-Partner ihr nahe bringen kann, wie man auch mal „fünfe gerade sein lässt“ und sich mehr auf seine Gefühle verlässt. Der Wasser-Partner schwächt den Perfektionismus der Metall-Frau auf ein gesundes Maß ab.

Metall und Holz

Diese Beziehung ist ein ständiger Kampf. Die Metall-Frau ist zu ehrgeizig und eigenständig für den sensiblen Holz-Partner. Hier kann eine gute Verbindung nur existieren, wenn die Metall-Frau ihre Interessen weniger in den Vordergrund stellt. Zur Harmonisierung arbeiten Sie hier stark mit dem Wasser-Element, denn Wasser ist das Kind der Metall-Frau (schwächt) und die Mutter von Holz (stärkt). Wasser in jeder Form, als Brunnen, als Farbe Blau oder Türkis oder ein Wasserfallposter.

Metall und Erde

Die Metall-Frau kommt im übertragenden Sinne aus der Erde. Sie fühlt sich also beim Erde-Partner wohl und geborgen. Der Erde-Partner profitiert vom Ehrgeiz und von der Dynamik der Metall-Frau. In dieser insgesamt harmonischen Beziehung nehmen materielle Dinge eine bedeutende Stellung ein.

Metall und Metall

Die Metall-Frau versteht sich mit einem Metall-Partner gut, obwohl sie beide oft ihre eigenen Wege gehen, da beide sehr freiheitsliebend sind. Diese Verbindung braucht viel Freiraum, aber trotzdem herrscht innere Verbundenheit.

Berufe

Metall-Frauen sind ehrgeizig und zielstrebig. Gerne möchten sie immer alles unter Kontrolle haben, was ihnen dank ihres Durchhaltevermögens auch oft gelingt. Sie sind typische Karrierefrauen, weil sie genau wissen, was sie wollen. Diesen Willen setzen sie auch manchmal rücksichtslos durch. Da sie Einzelkämpfer sind, macht es ihnen nichts aus, auch allein zu arbeiten. In den folgenden Berufen und Branchen können Metall-Frauen zu Spitzenleistungen fähig sein: Bankwesen, Buchhaltung, Steuerprüfung, Politik, Schmuckindustrie, Parfümerien, Stahl- und Metallverarbeitung, Ingenieurwesen.

Die Stärken der Metall-Frau

gradlinig, direkt, zielstrebig, führungsstark, konzentriert, diszipliniert, willensstark, karrierebewusst, stark als Einzelkämpferin, freiheitsliebend, leidenschaftlich und wahrhaftig

Die Schwächen der Metall-Frau

Geschwätzig, zynisch, Festhalten an Vergangenem, starr, rücksichtslos, kontrollierend

Outfit

Wie Sie sich als berufstätige Metall-Frau vorteilhaft kleiden und Ihre persönlichen Accessoires auswählen sollten, entnehmen Sie der nachfolgenden Tabelle.

Vorteilhafte Bekleidungsmerkmale für das Element Metall

Kleidung	Farben	Accessoires	Materialien
Hosenanzüge, Kostüme	grau, weiß, erdfarben	runde Taschen	Naturstoffe wie Wolle, Baumwolle
Blusen, Tops	weiß, gelb	Uhren/Schmuck aus Metall, Gold, Silber	Metallzubehör
Halstücher	gelb, weiß	Metallkugelschreiber	
Dessous	weiß, erdfarben		

Die Wasser-Frau

Natürliche Charaktereigenschaften

Die Wasser-Energie ist so kalt wie der Winter oder die Nacht. Die Wasser-Frau hat überdurchschnittliche Fähigkeiten zur Kommunikation und Spiritualität. Sie besitzt eine gute Intuition. Wie das Wasser überall hinfließen kann und seinen Weg findet, so versucht auch die Wasser-Frau auf subtile Art zu ihren Zielen zu finden. Sie lehnt sich aber auch gerne an andere an und bleibt passiv. Die Wasser-Frau muss immer wieder lernen, sich durchzusetzen.

Ihre Partner

Prüfen Sie zunächst anhand der Tabelle, über welches Geburtselement Ihr Partner verfügt. In dieser Gegenüberstellung können Sie feststellen, ob das jeweilige Element Ihres Partners Sie nährt und somit unterstützt oder kontrolliert. Zur Harmonisierung und Abhilfe kann die gezielte Auswahl eines dritten Elements dienen.

Elemente-Assoziationen in der Partnerschaft

Ihr Element	Element des Partners	Relation	Element zur Harmonisierung
Wasser	Holz	förderlich	–
Wasser	Erde	nachteilig	Metall
Wasser	Feuer	nachteilig	Holz
Wasser	Metall	förderlich	–
Wasser	wasser	neutral	–

Wasser und Holz

Die Wasser-Frau nährt den Holz-Partner. Diese Verbindung gilt als sichere Beziehung. Die oft passive Energie der Wasser-Frau wird durch den Holz-Partner inspiriert. Die spirituelle Wasser-Frau fasziniert den pragmatischen Holz-Partner.

Wasser und Erde
Nach dem Zerstörungszyklus kontrolliert der Erde-Partner die Wasser-Frau. Diese Beziehung ist daher nicht einfach. Wasser-Frauen sind eher wechselhaft, dagegen ist der Erde-Partner verlässlich. Der Erde-Partner gibt aber der Wasser-Frau einen gewissen Halt und die Wasser-Frau fasziniert mit Phantasie. In diese Beziehung sollte verstärkt das verbindende Element Metall, wie zum Beispiel alle Metallgegenstände, Eisenmöbel und die Farbtöne Gold, Silber, Chrom, gebracht werden.

Wasser und Feuer
Harmonisch ist diese Beziehung auf keinen Fall, denn der Feuer-Partner hat der Wasser-Frau zu viel ungezügelte Leidenschaft und zu viel Temperament. Viele Gespräche über die gemeinsamen Ziele und Bedürfnisse sind in dieser Beziehung notwendig. Das verbindende Element Holz ist hier unerlässlich. Holzmöbel, Holzböden, hohe Pflanzen, der Farbton Grün und blühende Bäume harmonisieren diese schwierige Beziehung.

Wasser und Metall
Diese Beziehung wirkt sehr gefühlvoll. Der Metall-Partner kann der Wasser-Frau vermitteln, wie sie ihre Ziele besser durchsetzen und sich nicht so leicht beeinflussen lassen kann. Die gefühlvolle Wasser-Frau bringt wiederum dem Metall-Partner bei, wie man „fünfe gerade sein lässt" und sich auch mehr auf seine Gefühle verlassen kann. Die Wasser-Frau schwächt den Perfektionismus des Metall-Partners auf ein gesundes Maß ab.

Wasser und Wasser
Beide Partner sind Gefühlsmenschen. Sie schwimmen auf einer Welle. Sie brauchen nicht viele Worte, um sich zu verstehen. Manchmal sind sie sich einfach zu ähnlich. Beide sind unsicher, introvertiert, sensibel, verletzlich und launisch.

Berufe
Wasser-Frauen sind sehr intuitive Menschen, die mitfühlend und liebevoll mit ihren Mitmenschen umgehen. Durch diese intuitiven Fähigkei-

ten sind sie oft in sozialen oder karitativen Berufen zu finden. Sie sind nicht die typischen Führungspersönlichkeiten, da sie sich zu leicht beeinflussen lassen. In diesen Berufen und Branchen fühlen sich Wasser-Frauen besonders wohl: Kommunikations- und Internetbranche, Wasserwirtschaft, Nachrichtenübermittlung, Medizin, Naturheilkunde, Getränkeindustrie.

Die Stärken der Wasser-Frau

intuitiv, mitfühlend, liebevoll, sozial eingestellt, sensibel, anpassungsfähig im Team, künstlerisch, pfiffig, weise, kreativ, schlau und geschickt

Die Schwächen der Wasser-Frau

launisch, misstrauisch, unsicher, unzugänglich, eigenwillig, hinterlistig, kaum greifbar, unversöhnlich, leicht beeinflussbar

Outfit

Wie Sie sich als beruftstätige Wasser-Frau kleiden und wie Ihre persönlichen Accessoires aussehen sollten, finden Sie hier in der Tabelle.

Vorteilhafte Bekleidungsmerkmale für das Element Wasser

Kleidung	Farben	Accessoires	Materialien
Hosenanzüge, Kostüme	alle Blautöne, grau, schwarz	geschwungene Formen	Naturmaterialien wie Wolle, Baumwolle
Blusen, Tops	hellblau, weiß	runde Taschen	
Dessous	blau, weiß	Uhren aus Metall, Gold, Silber	
		Glas, Plexiglasknöpfe, Schmuck	
		Metallkugelschreiber	

Die Holz-Frau

Natürliche Charaktereigenschaften

Die Holz-Frau steckt voller aufstrebender Energie. Sie ist ständig erneuernd, das heißt für viele Dinge offen und kreativ. Sie handelt moralisch und trotzdem mit neuen Impulsen. Die Holz-Frau hat gute Führungsqualitäten, arbeitet aber ungern im Team. Sie traut sich viel zu und kann Geschäfte positiv nach vorne bringen. Wenn sie aber zu keinem befriedigenden Ergebnis gelangt, wechselt sie das Projekt.

Ihre Partner

Prüfen Sie zunächst, welchem Geburtselement Ihr Partner zugeordnet ist. In der folgenden Gegenüberstellung können Sie feststellen, ob das jeweilige Element Sie nährt, das heißt unterstützt, oder aber kontrolliert. Als Abhilfe oder Harmonisierung kann gezielt ein drittes Element zu Hilfe genommen werden.

Elemente-Assoziationen in der Partnerschaft

Ihr Element	Element des Partners	Relation	Element zur Harmonisierung
Holz	Erde	nachteilig	Feuer
Holz	Wasser	förderlich	–
Holz	Feuer	förderlich	–
Holz	Metall	nachteilig	Wasser
Holz	Holz	neutral	–

Holz und Erde

Die Holz-Frau kontrolliert im Zerstörungszyklus den Erde-Partner. Die Holz-Frau ist zu begeisterungsfähig und innovativ für den bodenständigen Erde-Partner. Hier gibt es aber gute Chancen, wenn die Holz-Frau auf den Erde-Partner zugeht. Als harmonisierende Abhilfe wird in diesem Fall das Feuer-Element benötigt, zum Beispiel Lampen, rote Kerzen, Kaminfeuer und die Farben Rot und Violett in Form von Gegenständen.

Holz und Wasser

Die Holz-Frau wird durch den Wasser-Partner genährt. Eine gute, sichere Partnerschaft im Nahrungszyklus. Die Holz-Frau inspiriert den manchmal passiven Wasser-Partner, hingegen fasziniert der spirituelle Wasser-Partner die oft pragmatische Holz-Frau.

Holz und Feuer

Der Holz-Frau ist zwar die Energie des Feuer-Partners manchmal zu sprunghaft, doch insgesamt ist dies eine harmonische Beziehung. Die Holz-Frau gibt dem impulsiven Feuer-Partner Stabilität, dafür regt im Gegenzug der Feuer-Partner noch mehr die Kreativität der Holz-Frau an.

Holz und Metall

Ein ständiger Kampf zeichnet diese Beziehung aus, wenn Sie nicht harmonisiert wird. Der Metall-Partner ist der sensiblen Holz-Frau zu ehrgeizig und eigenständig. Der Metall-Partner darf hier seine Bedürfnisse nicht zu stark in den Vordergrund stellen. Das Wasser-Element muss hier zum Einsatz kommen, denn das Wasser ist das Kind des Metall-Partners (schwächt) und die Mutter der Holz-Frau (stärkt). Wasser als Brunnen, Wasserfallposter oder als Farbe Blau, Türkis in jeder Form müsste hier Verwendung finden.

Holz und Holz

Eine glückliche Verbindung. Die beiden Holz-Partner sind kreativ und begeisterungsfähig. Unternehmen Sie auch ab und zu etwas getrennt, denn diese spannende Begeisterung lässt sich sonst schwer aufrecht erhalten. Die Liebe zur grünen Natur vereint beide.

Berufe

Das Holz-Element signalisiert ein ausdehnendes, auf Wachstum ausgerichtetes Element. Das heißt, dass die Holz-Frau ständig auf der Suche nach Neuem ist, aber auch nach Selbstverwirklichung und Freiheit strebt. Wenn sich die Holz-Frau nicht frei entfalten und ihre Visionen ausleben kann, kommt es oft zu Wutausbrüchen. Die Holz-Frau braucht von allen Frauen am meisten Freiraum. In folgenden Branchen und Berufen fühlt sie sich hervorragend aufgehoben: Kommunikationswesen, Medien- und Musikbranche, Ingenieurwesen, Forschung und Entwicklung, Reisebüros und Transportwesen.

Die Stärken der Holz-Frau

kreativ, begeisterungsfähig, flexibel, idealistisch, fröhlich, energiegeladen, überzeugend, großzügig, aufrichtig, gerecht, vielseitig und spontan

Die Schwächen der Holz-Frau

unausgewogen, aufbrausend, egoistisch, unruhig, streng, unrational, planlos, lautes und schnelles Sprechen, nervös

Outfit

Wie Sie sich als berufstätige Holz-Frau ideal kleiden und welche persönlichen Accessoires Sie auswählen sollten, entnehmen Sie bitte der nachfolgenden Tabelle.

Vorteilhafte Bekleidungsmerkmale für das Element Holz

Kleidung	Farben	Accessoires	Materialien
Hosenanzüge, Kostüme	Grün- oder Blautöne	Taschen in rechteckiger Form	Naturmaterialien wie Wolle, Baumwolle
Blusen, Tops	hellgrün, hellblau, türkis	Schmuck aus Edelsteinen	Holz/Leder
Dessous	hellgrün, blau	Glasperlen	
		Kugelschreiber aus Holz/Leder	

Kapitel 5

Ihre Lebensziele

Das Bagua

Das Bagua ist eine Schablone aus den acht Trigrammen des I Ging. Dieses Bagua-Raster charakterisiert im übertragenen Sinne einen zusammenhängenden Organismus, der lebt und vital ist. Es stellt eine analoge Abbildung unserer Persönlichkeit und unserer acht Lebenssituationen, die einem ständigen Wandlungsprozess unterworfen sind, dar. Die acht Lebenssituationen werden dem Bagua zugeordnet. Zeigen sich in diesem Bagua Fehlbereiche auf dem Grundriss des Grundstücks oder des Hauses, so sind das die aktuellen Problembereiche denen nach Feng Shui die besondere Aufmerksamkeit gelten muss. Jeder Bagua-Bereich kann nach bestimmten Kriterien und Regeln aktiviert werden.

Gezieltes Arbeiten mit Lebenszielen

Um mit dem Bagua gezielt arbeiten zu können, sollte zuerst festgestellt werden, ob das Grundstück oder der Grundriss des Hauses oder der Schreibtisch Fehlbereiche aufweist. Dort, wo Aussparungen im Bagua-Raster sind, gilt es die jeweilige Lebenssituation an anderer Stelle besonders zu aktivieren. Fehlt zum Beispiel der Bereich Karriere (vorne in der Mitte), muss der Bereich Karriere in einem anderen Raum gezielt hervorgehoben werden. Maximal ein bis zwei Bagua-Bereiche können gleichzeitig aktiviert werden. Versuchen Sie mehrere Bereiche gleichzeitig zu aktivieren, heben sich diese Aktivierungen in ihrer Wirkung gegenseitig auf.

Basis-Bagua

Wohlstand	Ruhm	Partnerschaft
Familie	Tai-Chi Zentrum	Kinder
Wissen	Karriere	hilfreiche Freunde

Eingang

Lebenssituation „Karriere“

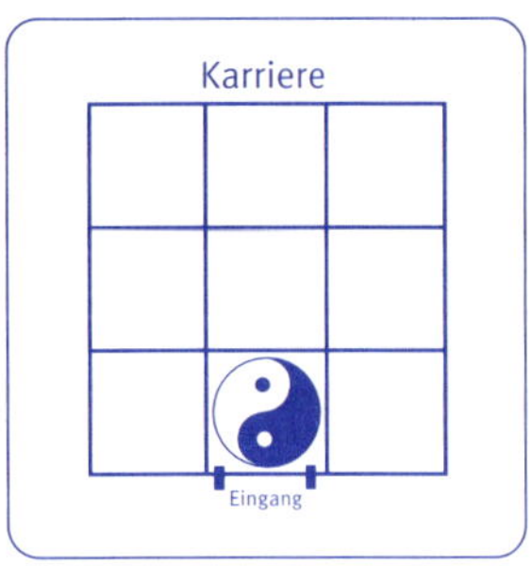

Vorne auf Ihrem Bagua in der Mitte befindet sich der Bereich Karriere. Das bedeutet im übertragenen Sinne auch „Lebensaufgabe“ oder „Lebensweg“. Wenn dieser Bereich bei Ihnen nicht vorhanden oder geblockt ist (zum Beispiel durch einen dicken Schrank), dann werden Sie oft von ihrem Lebenspfad abkommen. Er steht sinnbildlich für den Fluss des Lebens. Ist dieser Bereich entsprechend gestärkt, haben Sie Ihre Lebensaufgabe gefunden und werden auf diesem Weg auch weiterkommen. Der Karrierebereich sollte immer gut ausgeleuchtet sein. Bitte hier keine blockierenden Gegenstände wie Garderoben oder Schränke platzieren. Wenn in diesem Bereich eine Treppe ist, bedeutet das ständiges Auf und Ab auf Ihrer Karriereleiter. In einem solchen Fall sollten sie mit Feng Shui-Hilfsmitteln Abhilfe schaffen. Ein Aquarium oder Zimmerbrunnen wirkt in diesem Bereich sehr hilfreich. Die Farbe Blau findet in dieser Karrierezone optimale Verwendung.

Lebenssituation „Partnerschaft/Ehe/Beziehung"

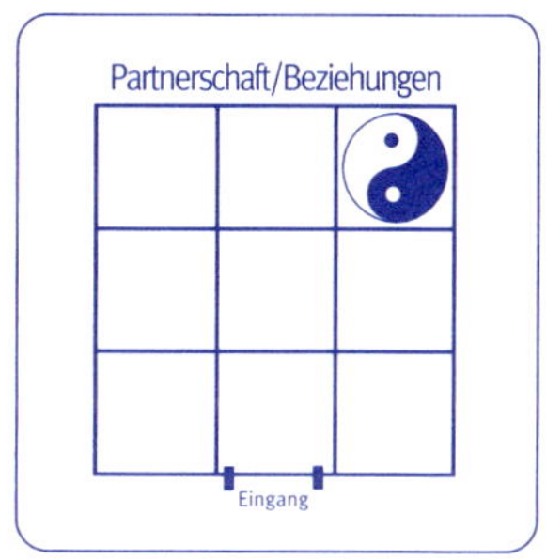

Diese Bagua-Zone befindet sich auf dem Bagua-Raster hinten ganz rechts und meint in erster Linie die Beziehung zu Ihrem Lebenspartner, aber auch die Freundschaften in Ihrem Leben. In dieser Ecke sollten harmonisierende Partnerschaftssymbole wie Delphine, persönliche Fotos (zum Beispiel ein Paarfoto), Herzen, alle paarweise auftretenden Gegenstände positioniert werden. Hier werden auch Ihre Kontaktfähigkeit und Lebensfreude verkörpert. Dies ist besonders wichtig, wenn Sie beruflich viel mit Menschen zu tun haben. Fehlt diese Zone, sollten Sie diese in mindestens zwei anderen Zimmern im Haus gezielt in Schwung bringen.

Lebenssituation „Familie/Gesundheit"

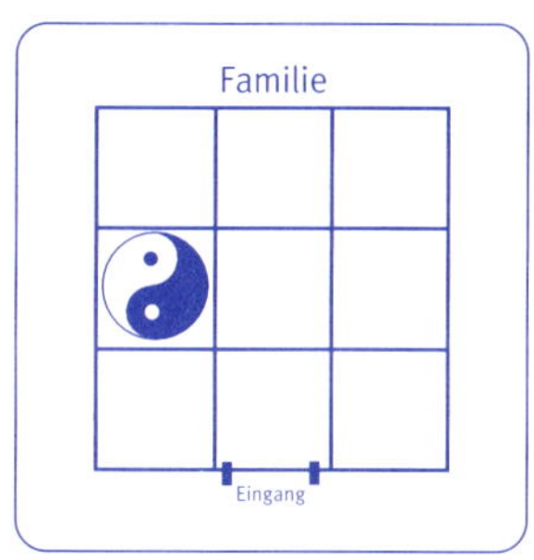

Auf der linken Seite in der Mitte befindet sich das Bagua-Feld „Familie/Gesundheit". Es steht in erster Linie für Kontakte zu Ihrer Familie und Ihren Vorfahren. Außer der Familie zeigt sich hier, wie das Verhältnis zu Ihren Vorgesetzten und Lehrern ist. Kinder zählen hier nicht dazu, da diese eine eigene separate Lebenssituation repräsentieren. Die Farbe Grün sollte hier vorherrschen, zum Beispiel durch Grünpflanzen mit runden Blättern, da diese Natürlichkeit und Wachstum symbolisieren. Bilder von Ihren Eltern oder Vorfahren sind hier richtig platziert. Auf Ihren Schreibtisch können Sie in diesem Bereich recht vorteilhaft ein Glas Wasser oder ein anderes Getränk stellen.

Lebenssituation „Reichtum/Wohlstand"

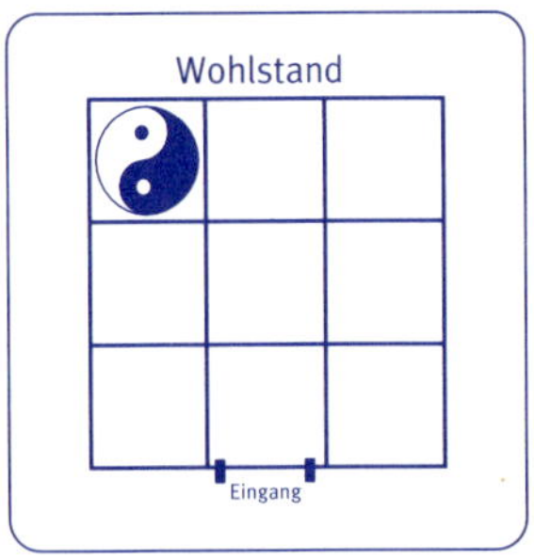

Diese Bagua-Zone liegt ganz hinten links in Ihrem Gebäude oder Zimmer. Diese Zone umfasst nicht nur den rein materiellen Reichtum, sondern auch den geistigen. Besitz und Status sowie ihr geistiges Potenzial werden hier sichtbar. Diese Eckzone sollte daher bewusst mit prächtigen, glänzenden Gegenständen geschmückt sein. Edle Schalen mit goldenen oder roten Früchten, echte Goldmünzen, Wasserbrunnen, ein Aquarium und blühende Blumen sollten Sie hier positionieren, wenn Sie gezielt diese Lebenssituation aktivieren wollen.

Lebenssituation „Mentoren/hilfreiche Freunde"

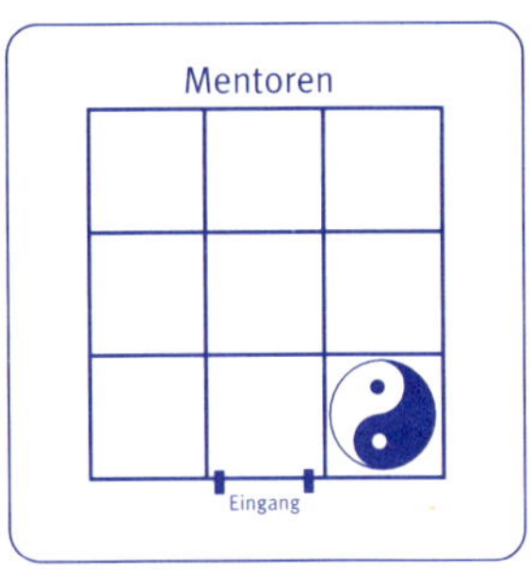

Auf der Grundlinie ganz rechts befindet sich diese Bagua-Zone. Sie repräsentiert Ihre Freunde und Helfer, und zwar auf jedem Gebiet: nicht nur die tatsächlichen Freunde, Verwandten und Geschäftspartner, die Sie haben, sondern die gesamte Unterstützung, die Sie erfahren. Auch die so genannten „Zufälle", die uns im Leben weiterhelfen und uns in unserem Streben positiv unterstützen. Selbst väterliche Freunde und gute Ratgeber oder auch Kunden können hiermit gemeint sein. Aber nicht nur das Nehmen ist hier wichtig, sondern auch das Geben! Wie hilfreich verhalten Sie sich gegenüber Ihren Mitmenschen? Eine Aktivierung dieser Zone erfolgt mit Wasser oder Kristallen. Ein Bild von Ihrem Mentor in dieser Bagua-Zone Ihres Schreibtischs erweist sich im wahrsten Sinne des Wortes als hilfreich.

Lebenssituation „Kinder/neue Projekte"

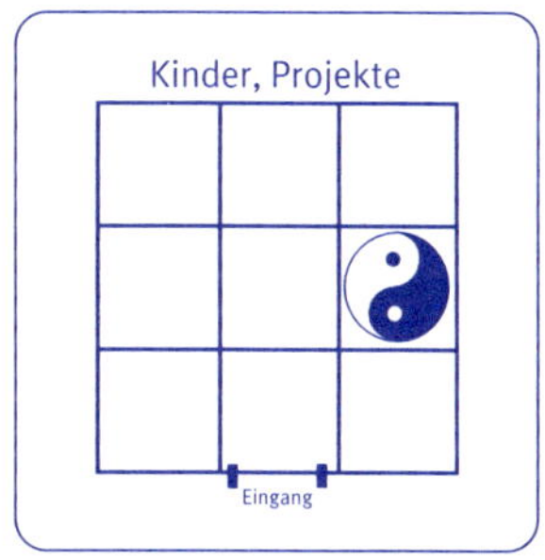

Kinder bedeuten in diesem Bagua-Bereich nicht nur die eigenen Kinder, sondern auch neue berufliche Projekte. Besonders Kinder bringen Dynamik ins Leben. So kann dieser Bereich auch kreativ gestaltet werden. Auch blühende Pflanzen, Kunstobjekte, Musik und ein Mobile stehen in diesem Bereich richtig. Entspannung und Ruhe wird man hier nur schwer finden, somit ist ein Schlafzimmer fehl am Platz, besser ist ein Esstisch. Auf Ihrem Schreibtisch positionieren Sie hier ein Foto von Ihren Kindern oder Ihrem neuesten Ziel.

Lebenssituation „Wissen/Erkenntnis"

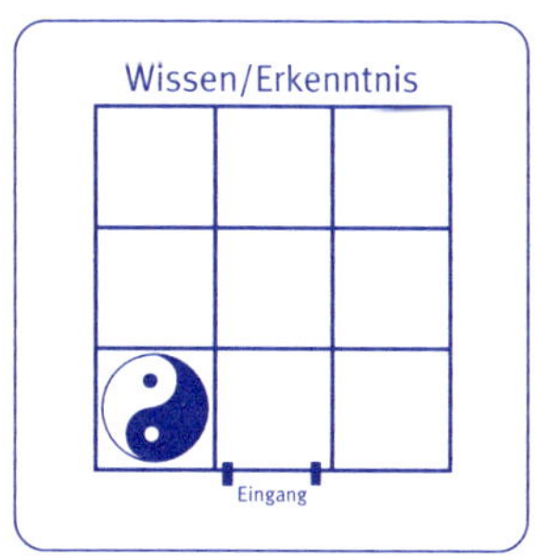

Die Wissenszone befindet sich auf der Grundlinie ganz links. Die Bagua-Zone „Wissen" charakterisiert nicht nur das erworbene, gespeicherte Wissen, sondern auch die tiefe Erkenntnis. So zum Beispiel die Fähigkeit, Situationen und Dinge in Kombination mit Gesprächspartnern oder Mitarbeitern richtig einzuschätzen. Diese Erkenntnis erlangt man während der Ruhepausen und nicht während des „Alltagstrotts". Um diese Zone zu aktivieren, sollten Sie in diesem Bagua-Bereich ein Bild aufhängen, das Ruhe und Gelassenheit ausstrahlt. Diese Ecke ist auch wie geschaffen für eine Bibliothek oder aktuelle Projekte.

Lebenssituation „Ruhm/Ansehen"

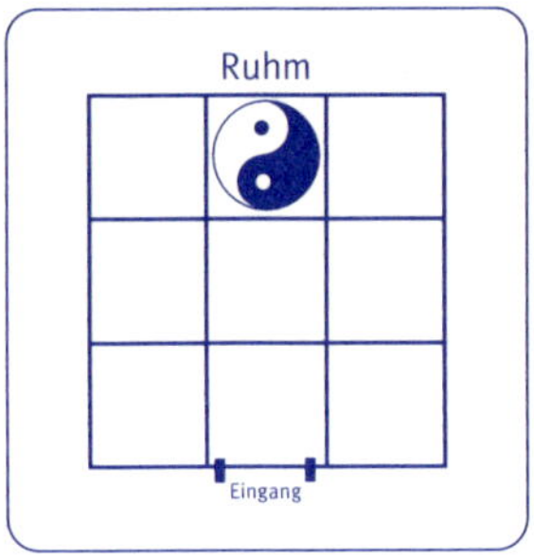

Hinten in der Mitte befindet sich diese Bagua-Zone. Diese Ecke spiegelt wider, wie die Außenwelt Sie sieht und welche Anerkennung Ihre Arbeit findet. Zuerst versucht jeder Karriere zu machen, man arbeitet und strebt nach vorne, danach wird sichtbar, ob dieses Streben auch entsprechend anerkannt und honoriert wird. Wenn diese Bagua-Zone fehlt, schwinden auch der Optimismus und das Selbstbewusstsein, an die eigene berufliche Tätigkeit zu glauben.
Hier sollten helles Licht und ein roter Gegenstand wirken. Urkunden, Auszeichnungen passen hier ebenso gut hin wie auch ein Foto Ihres Traumautos.

Feng Shui-Hilfsmittel

Hilfsmittel werden im Feng Shui ganz gezielt eingesetzt und platziert, um eine gewünschte Wirkung hervorzurufen. Zu allen Zeiten und in allen Kulturen hat es Hilfsmittel oder Glücksbringer gegeben, Gegenstände oder Symbole, denen wir eine bestimmte positive Wirkung zuordnen. Wir leben in einer Welt voller Symbolik und nehmen diese jeden Tag wahr, bewusst oder unbewusst.

Symbole sind eine Verknüpfung des Sichtbaren mit dem Unsichtbaren. Symbole werden im Feng Shui in erster Linie dazu verwendet, Lebens- und Arbeitsräume harmonisch zu gestalten.

Alles ist mit Energie durchdrungen, der Baum, der Berg, der Stein, der Mensch, Himmel und Erde. Alles findet sich in allem wieder und ist miteinander energetisch verknüpft. Jedes Symbol und jeder Glücksbringer hat eine eigene Schwingung, die wir und unsere Umgebung auf der Empfindungsebene spüren und unbewusst wahrnehmen.

Nachfolgend noch einige Hinweise und Hilfen, die den jeweiligen Bereich positiv unterstützen können. Sie gelten für das Bagua im gesamten Gebäudekomplex, für einzelne Räume genauso wie für Ihren Schreibtisch.

Bagua-Bereich „Karriere“:
- Aquarium mit Goldfischen
- kleiner Zimmerbrunnen
- Schale mit Wasser
- Wasserfallbild
- blaue Fußmatte

Bagua-Bereich „Partnerschaft/Ehe/Beziehung“:
- Delphinpaar
- rote Rosen
- rote Herzen
- Fotos
- alles paarweise gemäß dem chinesischen Sprichwort „Das Glück kommt immer zu zweit“ aufstellen

Bagua-Bereich „Familie/Gesundheit“:
- Delphine (leben das ganze Leben in einer Partnerschaft)
- kräftige Pflanzen
- Blumen
- Zimmerbrunnen
- Aquarium
- Fotos der Familie (keine Fotos von bereits Verstorbenen)

Bagua-Bereich „Reichtum/Wohlstand“:

- Kristalle
- Goldmünzen/Geldscheine
- Aquarium
- Wasserfallposter
- goldene Früchte
- glänzendes Silber
- blühende Blumen (gelb und rot)
- Spiegel

Bagua-Bereich „Mentoren/hilfreiche Freunde“:

- Kristalle
- Delphine
- Engel/Engelbilder
- blühende Blumen
- Fotos Ihrer Mentoren

Bagua-Bereich „Kinder/neue Projekte“:

- Kristalle
- Kunstgegenstände (Bilder/Skulpturen)
- Metallklangspiel
- blühende Blumen
- Harmonie-Wings (buntes Mobile)

Bagua-Bereich „Wissen/Erkenntnis“:

- stilles Bergmotiv (bedeutet zum Beispiel Wissen anhäufen)
- Bücher (entsprechend der Tätigkeit)
- Einhorn
- Kerze
- Yin- und Yang-Emblem
- Mineralien
- Salzkristalllampe

Bagua-Bereich „Ruhm“:

- Zertifikate und Pokale
- helles Licht
- Kristalle
- Schmetterlinge
- rote Kerzen
- Wasser

Allgemeine Ch'i-Erhöhung in Räumen durch:

- Spiegel
- Flöten
- Fächer
- Lampen

Zusammenfassend kann man sagen, dass es viele Feng Shui-Hilfsmittel gibt, die mehrfach verwendet werden können und äußerst glückverheißend sind. Das Wichtigste ist das Lebenselixier Wasser. Wasser in jeglicher Form, aber nur wenn es sauber, hell und wohlriechend ist.

Achten Sie bei der Auswahl Ihrer Hilfsmittel auf Ihre Intuition und innere Stimme, denn es gibt viele verschiedene Ausführungen der Symbole und Glücksbringer. Bekanntlich besitzen natürliche Dinge, wie zum Beispiel Bergkristalle, auch natürliche Schwingungen, die bei der Auswahl von Hilfsmitteln immer künstlichen Dingen vorzuziehen sind. Auch gibt es verschiedene, für unseren westlichen Geschmack hilfreiche Symbole, die zu Ihrer Einrichtung passen.

Betrachten Sie diese vorgenannten Darstellungen als Beispiele und lassen Sie Ihrer eigenen Intuition durchaus freien Lauf. Ferner berücksichtigen Sie bitte auch, dass dieses Bagua nicht nur für Ihr Grundstück, Haus oder Bürogebäude gilt, sondern auch für jedes einzelne Zimmer beziehungsweise jeden Schreibtisch und Ihre Bildschirmoberfläche, wobei das Haus energetisch am wichtigsten ist und der Bildschirm zuletzt kommt.

Kapitel 6

Erfolg – das Geheimnis harmonischer Schwingungen

Nach Ansicht der Taoisten existiert nichts im Universum, was nicht von Energieschwingungen geschaffen oder durchdrungen wird. Alles befindet sich im pausenlosen energetischen Zustand des Pulsierens, das als Tao beschrieben wird. Alle Menschen, alle Tiere, alle Pflanzen und auch alle Sterne stehen über feinstoffliche, emotionale und physikalische Schwingungen direkt und indirekt miteinander in Verbindung. Magnetismus, Wärme, Licht, Farben und selbst Informationen stellen natürliche Schwingungen dar. Alle Schwingungen unterliegen kontinuierlich dem energetischen System der fünf Wandlungsphasen Feuer, Erde, Metall, Wasser und Holz.

Fünf verschiedene Energiequalitäten, wie auch im Zusammenhang mit der Fünf-Elemente-Lehre erläutert, nehmen wir bewusst oder unbewusst wahr, lassen uns direkt oder indirekt davon beeinflussen, lenken und vielfach auch leiten. Überall dort, wo das natürliche Gleichgewicht aus den Fugen gerät, entstehen Disharmonien und Dissonanzen, Fehlentwicklungen und Krankheiten. Die Harmonie aller Energien und Schwingungen entscheidet über Gesundheit und nachhaltigen Erfolg.

Ältere Kulturen (auch unsere Vorfahren) kannten die subtilen Kräfte und übergeordneten Zusammenhänge des Universums, die bestimmte Vorhaben begünstigen oder benachteiligen. Dieses Bewusstsein geriet bis heute vielfach in Vergessenheit, ist aber nach wie vor existent und erhält in unserer modernen, zunehmend technisierten Gesellschaft wieder einen viel größeren Stellenwert. Einige Möglichkeiten aus dem alltäglichen Leben werden in diesem Kapitel beleuchtet.

Lo Pan – der Energie-Indikator

Den Feng Shui-Berater erkennen Sie an seinem Lo Pan, dem Werkzeug der Experten. Ein traditioneller Feng Shui-Kompass, auch als Lo Pan beziehungsweise Luopan, „Himmelskompass“ oder chinesischer Geomantenkompass bezeichnet, bildet mit einer speziellen Anordnung und einer Vielzahl von Symbolen die Kräfte und Phänomene des Kosmos nach. Ein äußerst kompliziertes Werkzeug, das alle Feng Shui-Gesetzmäßigkeiten durch eine faszinierende Art und Anordnung instrumentiert. Über 30 konzentrische und segmentierte Ringe mit zahlreichen Symbolen befähigen erfahrene Feng Shui-Berater, detaillierte Aussagen über die vorherrschenden Naturgegebenheiten und die Qualität eines Standortes, die Zirkulation der Lebensenergie Ch’i, negative Einflüsse und Möglichkeiten, diese zu neutralisieren, zu treffen.

Der Lo Pan stellt eines der wichtigsten Werkzeuge der Profis dar, und es ist immer wieder verblüffend, zu beobachten, mit welcher Präzision eine Feng Shui-Analyse Ergebnisse bringt, die im Nachhinein für jedermann logisch und nachvollziehbar sind. Wenn in Hongkong beispielsweise eine Immobilie veräußert werden soll und im Vorfeld der Verkaufsverhandlungen der Kaufinteressent einen Feng Shui-Berater mit der Analyse des Immobilienobjekts beauftragt und dieser wiederum vom Makler mit einem Lo Pan gesichtet wird, gilt dies schon als ernsthaftes Kaufinteresse. Deshalb werden solche Feng Shui-Untersuchungen mehr oder weniger verdeckt durchgeführt.

Erfolgsfaktor „Energie-Balance“

Auf unserem Planeten existieren viele verschiedene Energieformen wie beispielsweise magnetische, thermische, mechanische, chemische Energie. Aber die geheimnisvollste und wichtigste für die Menschheit ist ohne Zweifel die kosmische Lebensenergie Ch'i, der Funke des Lebens, der über Sein oder Nichtsein entscheidet. Ein Kampf um Lebensenergie von der Zeugung bis zum letzten Atemzug, tagein, tagaus, rund um die Uhr. Der Mensch als ein Kraftwerk der Natur. Und dennoch setzen wir diese Lebensenergie in der westlichen Welt grundsätzlich als gottgegeben voraus, sprechen kaum darüber und bemühen uns nur unwesentlich um die Aktivierung dieser Lebenskräfte. Für die Chinesen besitzt der kontinuierliche und ausgewogene Ch'i-Fluss höchste Priorität. Ch'i, das Lebenselixier aus Sauerstoff und kosmischer Energie, ignorierte auch die westliche Wissenschaft, bis 1996 in Österreich der bekannte Wiener Biologe Gerhard H. Eggetsberger ein Verfahren entwickelte, die Lebensenergie Ch'i messbar nachzuweisen. Ein Durchbruch in der westlichen Welt, denn seitdem versuchen immer mehr Menschen sich mit ihrem persönlichen, natürlichen Energieumfeld intensiver auseinander zu setzen und ihren eigenen Ch'i-Fluss zu harmonisieren.

Die wenigsten Menschen nehmen den Ch'i-Fluss richtig wahr. Und da sie die Lebensenergie nicht bewusst oder ernsthaft wahrnehmen wollen, fühlen sie sich auch außerstande, ihn zu aktivieren und zu harmonisieren. Denn den Fluss der Lebensenergie Ch'i zu steuern und zu harmonisieren ist eine zirka 4000 Jahre alte chinesische Wissenschaft und Kunst für sich, die es zu erlernen gilt. Nichts ist wichtiger für unser Wohlbefinden als ein hohes Ch'i-Energieniveau.

So sorgt doch das Ch'i für die optimale Schwingungs- und Energieversorgung der fünf wichtigsten Anlagen unseres menschlichen Wesens, nämlich Geist, Atem, Sprache, Hören und Sehen. Wenn wir Menschen diese Anlagen sinnvoll kontrollieren und nutzen wollen, müssen wir zuerst das Ch'i kontrollieren. Denn um positive Veränderungen und harmonische Schwingungen in Körper und Geist hervorzurufen, müssen wir für die Lebensenergie mehr Verständnis entwickeln und auch wissen, wodurch diese menschlichen Anlagen überhaupt angeregt werden und wie sie funktionieren. Dies erfordert zumindest einen bewussteren Umgang mit dieser überlebenswichtigen Ressource.

Kennen Sie Ihre persönliche Energiebilanz, den so genannten persönlichen „Tankstand" Ihres Körpers? Sicherlich versuchten bislang nur die wenigsten, die richtige Energie-Kompetenz für sich zu entwickeln. Eine optimale „Energie-Balance" auf hohem Energieniveau zu erzielen, damit Balance zwischen allen sich gegenseitig beeinflussenden Ebenen wie Körper, Geist und Seele herrscht, ist das Kernprogramm von Feng Shui.

Energy-Balancing – natürliche Ausgewogenheit für sich selbst, für die Gesundheit, für die Partnerschaft und Familie, für die Lebensplanung und das Berufsleben. Damit sich die selbst harmonisierenden Kräfte der Natur durch ganzheitliches Bewusstsein nicht behindern oder blockieren, sondern die Energien ausgewogen fließen, müssen Sie zunächst eine persönliche Bereitschaft und dann eine gewisse energetische Kompetenz entwickeln.

Checkliste:
Ermitteln Sie Ihre Energiebilanz

	ja/nein
Fühlen Sie sich seit längerer Zeit ständig müde, lustlos, schlapp oder ausgelaugt?	
Schlafen Sie nachts schlecht oder nicht durch, wachen früh auf, können morgens schlecht aufstehen oder fühlen sich morgens selbst nach acht Stunden Schlaf wie gerädert?	
Ständiger Termindruck und nervöser Spannungszustand mit kaum Erholungsphasen – fühlen Sie sich überfordert?	
Ist Ihr Motivationsniveau deutlich gesunken oder kommen Gefühle emotionalen Überdrusses hinzu?	
Haben Sie das Gefühl, vor einem Jahr energiereicher und dynamischer gewesen zu sein?	
Verfügen Sie über weniger als drei Stunden Freizeit oder Auszeit pro Tag nach Ihrer regulären Arbeit?	
Besitzen Sie kein persönliches wöchentliches Fitness- oder Wellnessprogramm zum Erholen und Ausspannen?	
Befinden Sie sich täglich weniger als 30 Minuten in der frischen Luft?	
Trinken Sie weniger als zwei Liter Wasser täglich?	
Beziehungsprobleme oder Ängste in der Partnerschaft?	
Berufliche Probleme, Arbeitsplatzängste, Stress mit Kollegen (Mobbing)?	
Unregelmäßige und ungesunde, energielose Ess- und Ernährungsgewohnheiten?	

Wenn Sie bei diesen Fragen mindestens dreimal mit „Ja“ antworten müssen, könnten Ihre Gesundheit, Vitalität und innere Harmonie auf die Dauer gefährdet sein.

Bekanntlich liegt in der Ruhe und energetischen Ausgewogenheit die Kraft. Deshalb versuchen Sie bitte Ihre Gesundheit nicht durch Stress, Überforderung, Angstzustände und andere negative Faktoren zu beeinträchtigen. Die Ursachen solcher Beeinträchtigungen liegen in einem ständig vorherrschenden niedrigen energetischen Niveau Ihres Körpers. Diese negative Energieniveau-Spirale – neudeutsch auch Burnout-Syndrom genannt – trifft gerade immer mehr Frauen, die auch zum Perfektionismus streben, sich übermäßig engagieren und sich langsam, aber sicher überfordert fühlen und zu guter Letzt die ersten gesundheitlichen Warnsignale ihres Körpers nicht erkennen oder falsch deuten. Letztendlich markieren Energieblockaden im Körper den Beginn einer Krankheit, wenn sie nicht rechtzeitig erkannt und harmonisiert werden.

Ihre Raumsensoren

Wenn Sie einen Raum betreten, signalisiert Ihnen Ihr Körper sehr schnell, ob Sie sich sicher und wohl fühlen oder nicht. Jeder Mensch verfügt bekanntlich über einige elektromagnetische Energiefelder, wie zum Beispiel die „Chakren“ als Energiezentren oder die „Aura“, die uns als Hülle oder Hauch umringt, die auch beispielsweise durch eine spezielle Aurafotografie oder durch eine Kirlianfotografie heute nachgewiesen werden kann. Wir wissen auch, dass der Mensch in der Nase über kleine Eisenanreicherungen verfügt, die wie ein Kompass den Orientierungssinn vervollständigen. Der Mensch verfügt aber auch über Antennen, die ständig Schwingungen senden und empfangen. Eines der größten Organe ist die Haut, die neben vielen anderen Funktionen auch als Antenne die Schwingungen im Umfeld lokalisieren kann. Mittlerweile kann man zusätzlich auch kleine Energiepunkte nachweisen, die als Tastorgane rund um den Körper die Umgebung kontinuierlich abtasten. Diese Wahrnehmungsorgane reagieren auf Schwingungen, die unsere Umwelt ständig als geheime Botschaften sendet und empfängt. So werden positive oder negative energetische Schwingungen im Raum über diese Sensoren im Unterbewusstsein registriert und sofort verwertet. Licht, Temperatur, Sauerstoff, Luftfeuchtigkeit, Geruch, aber auch Farben, Strukturen, Materialien und Gegenstände werden vom Körper wahrgenommen, ohne dass wir auch nur einen Gedanken daran „verschwenden“ müssen.

Diese Erkenntnisse unterstreichen auch, warum die Ausrichtung der Sitzposition und das unmittelbare Umfeld wie „Energie-Vampire“ oder Gegenstände mit spitzen und scharfen Kanten systematisch neutralisiert werden sollten.

Diese Biokommunikation zwischen Körper und Umwelt findet kontinuierlich statt. Durch ein Umfeld mit einem niedrigen Energieniveau werden dem menschlichen Organismus Energien entzogen, bei hohem Energieniveau, also bei optimalen Rahmenbedingungen für den menschlichen Körper, nehmen wir Energie auf und steigern damit natürlich unsere Leistungsfähigkeit. Stärken Sie Ihre Sensibilität und richten Ihren Fokus ganzheitlich auch auf Äußerlichkeiten, die Ihren Wohlfühlfaktor und Ihre Leistungsfähigkeit möglicherweise beeinträchtigen.

Feng Shui-Zahlenmystik

Zahlen symbolisieren weit mehr als Zeichen für mathematische Formeln und Werte, sondern können uns als elementares Kommunikationswerkzeug helfen, unsere Umwelt besser zu verstehen.

Neben den günstigen und ungünstigen Feng Shui-Maßen (siehe S. 112 ff.), wird auch der Zahlenmystik in China eine große Bedeutung zugeordnet. Im Westen gibt es dazu adäquat die Numerologie, die sich allerdings von der chinesischen Zahlenmystik etwas unterscheidet. Viele Zahlen haben im Chinesischen die gleiche Bedeutung wie in der westlichen Numerologie. Hierzu die ersten 13 Zahlen und ihre Bedeutung im Feng Shui:

1 positiv: ist eine spirituelle Zahl und bedeutet autoritäre Herrschaft, Göttlichkeit, auch Einsamkeit, Anfang.

2 positiv: Die Chinesen sagen, alles Glück kommt paarweise, Symbol für Einheit.

3 positiv: steht für Nachkommenschaft, Spiritualität, Lebendigkeit.

④ negativ: heißt auf Chinesisch „der Tod“, keine Nachkommenschaft, Stagnation, negative Zahlenkombinationen: 2④, 7④, 7④④. Es ist immer negativ, wenn sich eine ④ am Ende einer Zahlenreihe befindet. Durch einen Kreis kann die negative Wirkung der ④ erheblich verringert werden, zum Beispiel bei Hausnummern, Telefonnummern auf Visitenkarten beziehungsweise in der Werbung und auf Briefbögen. Bei Geburtsdaten wie ④, 1④, 2④ darf durchaus eine ④ vorkommen, da hier die Quersumme des kompletten Geburtsdatums zählt. Beispiel: Wenn Sie am 2④.6.195④ geboren sind, haben Sie zwar zweimal die ④, die geltende Zahl ist jedoch die Quersumme, also die 6.

5 neutral, symbolisiert die Energien der „Fünf Elemente“, Harmonie.

6 positiv, heißt auf Chinesisch weiterrollen, gilt als spirituelle Zahl und steht für Gesundheit und Erfolg.

7 positiv, stellt eine heilige Zahl dar, 7-Tage-Woche, ④ x 7 Tage ist der Zyklus der Frauen, der 7. Tag (Sonntag) steht für Vollendung. Es bedeutet auch „sicher“, das heißt, die nachfolgende Zahl wird wichtig:
7④ negativ, sicherer Tod,
75 sehr positiv,
76 positiv, steht für Langlebigkeit, für das immer Wiederkehrende,
77 positiv, ist die Vollendung,
78 positiv, sicherer Reichtum usw.,
79 positiv, steht für Langlebigkeit, für das immer Wiederkehrende.

8 positiv: Die 8 ist das Symbol für Unendlichkeit und Vollendung, sie balanciert unseren Gleichgewichtssinn und steht für Lebensfreude und Wohlstand.
Tipp: Eine doppelte 8 (88) mit positiven Feng Shui-Maßen kann sogar Fehlbereiche im Haus harmonisieren. Im Eingangsbereich aufgehängt, balanciert sie die Besucher aus.

9 999 steht für Unendlichkeit.

10 positiv: ist die Vollendung.

11 positiv: Die Quersumme ist 2, dies steht für Partnerschaft.

12 positiv: Die Quersumme ist 3, daher lebendig, „aller guten Dinge sind drei".

13 negativ: Die Quersumme ist ④, symbolisiert den Tod, Unglückszahl, muss mit einem roten Kreis neutralisiert werden.

Wie Sie anhand der oben aufgezählten Beispiele deutlich erkennen können, haben auch Zahlen neben ihrem eigentlichen Aussagewert auch einen energetischen Schwingungswert. Zahlen werden eingeteilt in Glückszahlen und solche, die ungünstige Schwingungen ausstrahlen. Zu den ungünstigen gehören die Zahl ④ und Zahlenkombinationen, deren Quersumme eine ④ ergibt, wie beispielsweise die „Unglückszahl" 13.

Bei Zahlenkombinationen, wie zum Beispiel Kontonummern, Telefonnummern, ist immer die letzte Zahl die mit dem größten Einfluss auf unser Unterbewusstsein. Es ist in einigen asiatischen Staaten mittlerweile auch kein Geheimnis, dass für ein Kfz-Kennzeichen mit den Zahlen 8, 88 oder 888 Vermögen bezahlt werden.

Nicht zuletzt deswegen versuchen Feng Shui-Wissende wichtige Zahlen, wie zum Beispiel Telefon- und Faxnummern, Konto- und Kreditkartennummern, Haus- oder Postfachnummern, mit einer Glückszahl wie der „8 für Wohlstand" zu versehen. Ungünstige Zahlen wie beispielsweise die Hausnummer, die sich nicht so ohne weiteres verändern lässt, sollten entschärft und harmonisiert werden durch beispielsweise einen Kreis um die ④.

Checkliste: Prüfen Sie wichtige persönliche und geschäftliche Nummern und Zahlen auf negative beziehungsweise positive Schwingungen.

Nummern/Zahlen	positiv/negativ	Änderungen	o. k.
Telefonnummern privat			
Telefonnummern Geschäft			
Handy-Telefonnummern			
Telefaxnummern			
Hausnummern			
Kontonummern			
Kreditkartennummern			
Kfz-Kennzeichen			
Zimmernummern			
Sonstige:			

Harmonische Maße

Schon Baustile der Antike verweisen auf ein Geheimwissen der damaligen Baumeister, die ihre harmonischen Proportionsverfahren und so genannten „heiligen Maße" hüteten. Nur mit einem erfahrenen und geübten Blick erkennt man die verschlüsselten Hinweise auf die heiligen Maße.

Die tiefere Bedeutung und schwingungstechnischen Wirkungsmechanismen von Abmessungen verloren mit Einführung des industriellen Meters in unserer Gesellschaft an Wert. Meter-Maßeinheiten fixieren lediglich den kleinsten industriellen Nenner einiger Industrienationen, spielen allerdings international gesehen keine allzu große Bedeutung. Auch viele Normen entsprechen vorrangig Maschinen- beziehungsweise Industrienormen, aber häufig nicht der Matrix der Natur. Feng Shui orientiert sich ausschließlich an uralten Aufzeichnungen der harmonisch schwingenden Maße der Natur. Goldene Feng Shui-Maße stehen schwingungstechnisch im Einklang mit der Natur. Schlechte Abmessungen können sich auf Familienmitglieder, Freunde, Kunden und Mitarbeiter emotional auswirken.

Ein schönes Beispiel sind die Zweimetertüren. Das Zweimetermaß, welches auch an anderer Stelle in der Industrie verwendet wird, bedeutet im Feng Shui „Tod und Abreise".

Im Feng Shui werden förderliche (positive), neutrale Abmessungen durch ein positives und ein negatives Feng Shui-Maß und ungünstige (negative) durch ein oder mehrere negative Feng Shui-Abmessungen unterschieden.

Wenn Sie sich die Frage stellen, wann und warum Ihnen eine bestimmte Person oder ein Bild gefällt, so liegt das auch „maßgeblich" an den jeweiligen Maßen. Wir fokussieren eine Person oder einen Gegenstand in Bruchteilen von Sekunden und die Maße sind das Erste, was wir realisieren und als harmonisch einordnen oder nicht. Feng Shui differenziert nach günstigen und ungünstigen Maßen. Wenn wir zum Beispiel einen Tisch mit Essen betrachten oder vor einem Fenster mit Sprossenmusterteilungen stehen, so schwächt uns ein ungünstiges Maß beim Tisch oder Hinausschauen, ohne es zu wissen. Wenn wir an einem Schreibtisch mit ungünstigen Maßen sitzen, wirkt sich das negativ auf unsere Konzentration und unseren Arbeitseifer aus.

Ein wichtiges Maß stellt unsere Eingangstür dar, weil sie der Mund zum Haus ist. Die Haustür kann bei schlechten Maßen Personen beim Durchgehen bis zu eine Stunde lang schwächen, da durch die Tür positive oder negative Energie einfließt. Das europäische Standardmaß von zwei Metern für Türen ist, wie gesagt, kein Glück bringendes Maß. Ein ideales Feng Shui-Maß für Türen ist 1,93 Meter, da dieses Maß „viel Glück und Wohlstand" bedeutet.

Um bei den Zweimetertüren eine leichte Besserung zu erreichen, sollte man das lichte Türmaß von zwei Metern mithilfe eines kleinen Holzstücks auf ein günstiges Maß verkleinern.

Günstige Türmaße:

Höhe	Breite
193 cm	63 cm
198 cm	69 cm
210 cm	82 cm
218 cm	89 cm
236 cm	
	107 cm
	112 cm
	132 cm
	150 cm

Wie wichtig für die berufstätige Frau im Büro der Schreibtisch ist, braucht an dieser Stelle sicherlich nicht erläutert werden. Wenn Sie Ihren Schreibtisch nicht gleich gegen einen neuen Tisch mit Feng Shui-Maßen austauschen wollen, so kann man folgende Maßnahme, ohne viel Aufwand, ergreifen. Man nimmt ein farbiges Klebeband, das sich kontrastreich von der Schreibtischoberfläche abhebt, und markiert so auf dem Schreibtisch die günstigen, Glück bringenden Maße. Diesen „Rest" sollten Sie nicht verwenden.

Günstige Schreibtisch- beziehungsweise Tischmaße:

Länge	Breite
88 cm	65 cm
112 cm	69 cm
132 cm	82 cm
155 cm	89 cm
193 cm	89 cm
198 cm	89 cm
215 cm	107 cm

Bei Tischen muss die Höhe nicht zwangsläufig ein günstiges Feng Shui-Maß vorweisen. Eine Schreibtischhöhe sollte in erster Linie bequem und passend für die Person sein. Länge und Breite mit guten Feng Shui-Maßen sind aber hier sehr förderlich für Ihren Erfolg an Ihrem Schreibtisch.

Ein weiteres sehr wichtiges Maß sind die Bettmaße. Ein Drittel des Lebens verbringt der Mensch im Bett und hier sollte möglichst viel Kraft und Energie für den nächsten Arbeitstag geschöpft werden.

Feng Shui-Maßstab

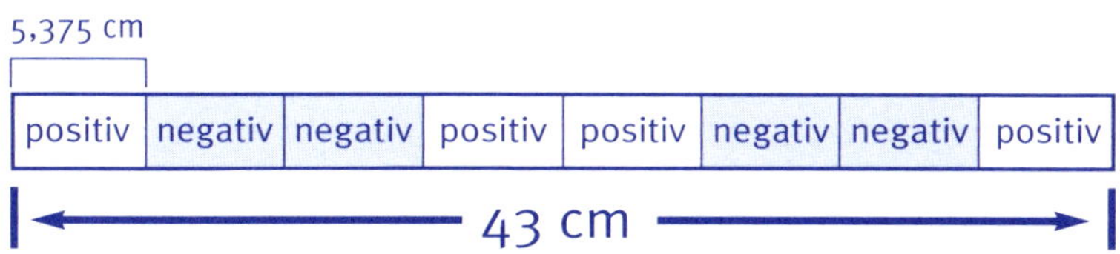

Prüfen Sie die Maße vieler wichtiger Dinge und Accessoires, die unbedingt förderliche Feng Shui-Maße haben sollten! Einige Maße, die Sie unbedingt nachmessen sollten: Haustür, Betten, Bürotüren, Schreibtische, Schreibtischstühle, Schränke und Regale, Briefpapier und Visitenkarten. Falls mehr als zwei negative Maße (Länge, Breite, Höhe) gemessen werden, ist eine entsprechende Harmonisierung vorzunehmen.

Immer gefragter wird das Feng Shui-Briefpapier sein, das in Glück bringenden Formaten und auf Wunsch mit hellem Farbhintergrund dem persönlichen Element des Absenders positive Impulse verleiht. Denn im Zeitalter zunehmender Digitalisierung erhält der klassische Brief in der Kommunikation einen ganz neuen persönlichen Stellenwert.

Checkliste: Prüfen Sie wichtige Dinge nach den goldenen Feng Shui-Maßen, ob diese harmonische Frequenzen ausstrahlen.

Abmessungen	Länge (cm)	Breite (cm)	Höhe (cm)	Korrekturmaßnahmen	o. k.
Haupteingangstür					
Zimmertüren					
Schreibtische					
Besprechungstische					
Schränke/Regale					
Fenster					
Haus					
Zimmer					
Bett					
Bilder					
Produkte					
Prospekte					
Briefbögen					
Visitenkarten					
Persönliche Accessoires					

Die hohe Kunst des richtigen Timings

Das Wissen um den richtigen Zeitpunkt ist laut Maurice de Murrille der halbe Erfolg.

Es gibt gute und erfolgreiche Tage und natürlich rabenschwarze Tage, wo überhaupt nichts gelingen will. Sie haben bestimmt in diesem Zusammenhang Ihre eigenen Erfahrungen sammeln können.

In speziellen Feng Shui-Kalendern können Sie günstige Zeitpunkte für Ihr berufliches und privates Leben im Hinblick auf die vielfältigen Tagesqualitäten ermitteln – ein äußerst komplexes Kalendergebilde an Erfahrungen und Weisheiten, das zwischen günstigen und ungünstigen Zeitpunkten und Tätigkeiten unterscheidet. Beeinflussen auch Sie Ihr eigenes Glück. Denn früher wie auch heute spielte der richtige Zeitpunkt bei den Menschen immer eine ganz wichtige Rolle. Selbst das geheimnisvolle Wirken des Mondes und die daraus resultierenden kalkulierbaren und messbaren Kräfte sind mittlerweile von Wissenschaftlern weltweit anerkannt. So wie der Zeiger der Uhr die Tageszeit anzeigt, so kündigt auch der Mond vor den Sternbildern am Sternenhimmel die tagesspezifische Qualität an. Dies hat übrigens nichts mit den astrologischen Sternzeichen zu tun.

Durch Feng Shui erlangen Sie innere und äußere Harmonie, die Ihnen hilft, Ihre Intuition, also das Wissen, Fühlen und Begreifen von Umständen, Zusammenhängen und Entwicklungen, gezielt zu fördern und zu nutzen. Aussagen wie „Intuitiv traf ich die richtige Entscheidung“ oder „Intuitiv war ich zur richtigen Zeit am richtigen Ort“ sind ja nicht ganz selten. Menschen, die in Harmonie mit sich selbst und ihrem Umfeld leben und arbeiten, schöpfen aus der inneren Tiefe die Kraft, um zum richtigen Zeitpunkt zu agieren. Sie sind die so genannten Erfolgskanonen, die das Feeling für den richtigen Zeitpunkt besitzen!

Wenn Sie beispielsweise im Vertrieb tätig sind und sehr häufig das Gefühl haben, beim Kunden wie gerufen zu sein, dann sind Sie auf dem richtigen Weg. Ist dieses Phänomen bei Ihnen die absolute Ausnahme, sollten Sie sich mit der Harmonisierung Ihrer persönlichen Energien und Ihres gesamten Umfelds auseinander setzen. Es können sowohl Blockaden im Privaten als auch im Berufsleben die Ursache hierfür sein.

Darüber hinaus verfügen Feng Shui-Wissende über eine optimale, stressfreie Terminplanung mit täglichen gezielten Relax- und Kreativpausen um die Mittagszeit. Diese 60-Minuten-Auszeit wird zum Sammeln von Energien genutzt, aber auch, um in der Ruhe die kreative Kraft für neue Ideen und Lösungsansätze gezielt zu schöpfen. Ferner wissen diese Menschen, wie sie ihre Arbeitsenergie so gezielt und effizient täglich und zu 100 Prozent einsetzen müssen, dass sie ihr gestecktes Tagesziel auch wirklich erreichen. Sinnloses und Blockaden werden über Bord geworfen. Feng Shui gestaltet Ihr Zeitmanagement intuitiv effizienter mit der Konzentration auf die wirklich wichtigen Termine in Ihrem Leben.

Ein kleiner Tipp: Die ④ hat im Feng Shui, wie im Vorfeld beschrieben, ein negatives Image. Versuchen Sie wichtige Termine nicht auf den ④., 1④., oder 2④. eines Monats zu legen.

Der Farbfaktor

Die stille Magie der Farben unterschätzen wir heutzutage in allen Bereichen des Lebens. Farben bringen die Seele zum Schwingen und können gezielt Energie verströmen sowie die Balance von Körper, Geist und Seele fördern. Viele alte Kulturen wie in China, Ägypten und Griechenland setzten die energetischen Schwingungen der Farben als heilende Wirkung für die Aura des Menschen ein. Diesen Effekt können Sie heute auch in modernen Farblichtstudios selbst erfahren.

Der Mensch als Energie- und Farbbündel reagiert auf Farben direkt und unmittelbar. Selbst jeder Gedanke hat eine astrale Farbe, die eine gewisse emotionale Qualität ausdrückt. Die Farben in der Aura eines Menschen zeigen durch ihre Mischung mit der Charakter-Grundfarbe seinen Charakter, seine Mentalität und das Temperament an und letztendlich auch, wie viel oder wie wenig Harmonie er in sich trägt.

Schon Leonardo da Vinci und Johann Wolfgang von Goethe, aber erst recht die heutige Forschung der Farbpsychologie und Farbempfindung konnten beziehungsweise können belegen, dass jede Farbe eine andere elektromagnetische Wellenlänge sendet und damit auch eine andere Energie ausstrahlt. Wir nehmen die Farbenergie nicht nur mit den Augen, sondern auch mit der Haut auf. Der Körper wandelt diese Farbenergien in Nervenimpulse um und leitet sie zum Gehirn, das wiederum Reaktionen und Assoziationen auslösen kann, die unser Wohlbefinden je nach Farbtyp und Farbenergie beeinflussen. Der menschliche Organismus reagiert unbewusst durch Änderungen des Blutdrucks, der Atemfrequenzen, der Pulsrate sowie anderen innerorganischen Prozessen auf Farben.

Es gibt auch viele Menschen, wie beispielsweise in der medizinischen Erforschung der Ursachen für Synästhesie bewiesen ist, bei denen die Reizungen der Sinnesorgane „quer" verlaufen. Diese assoziieren zum Beispiel schreiende Farben und Klänge miteinander, das heißt, sie nehmen Farben oder Töne als Duftnoten wahr.

Farben können stimulieren und steuern somit meist unbewusst unser Fühlen, Denken und Handeln. Harmonisch modulierte Farbschwingungen helfen bekanntlich schneller zu verbinden, kontrastreiche Farben und deren disharmonische Schwingungen verleiten hingegen schneller zur Trennung. Versuchen Sie die Kraft der Farben für mehr typengerechte und bessere Gesundheit für Körper, Geist und Seele zu nutzen. Werfen Sie den Farbvampir Schwarz, der Sie energetisch aussaugt, aus Ihrer Garderobe und laden Sie Ihre Batterien mit Energiespendern wie Rot, Rosa oder Violett. Treiben Sie's bunt und überlassen Sie in allen Belangen auch hinsichtlich Ihres räumlichen Umfelds bei der Farbwahl nichts dem Zufall, balancieren Sie die Energie der Farben Ihrem Element entsprechend gezielt aus. Farbbalance begünstigt Ihre persönliche Power und stärkt Ihre Ausstrahlung und Immunabwehr. Frauen, die den Faktor Farbe gezielt ins Spiel bringen, befinden sich schneller auf der Zielgeraden.

Schwingungen von Namen und Logos

Als Unternehmerin sind Ihr Name und auch Ihr Logo bei weitem nicht, wie der Volksmund sagt, „Schall und Rauch“, sondern Kernprogramm und Ihr wichtigstes Kapital. Ihr Name sendet geheime Botschaften, die nach modernsten Erkenntnissen der Namenspsychologie unter anderem auch Ihre Potenziale und Lebensthemen charakterisieren.

Zeichen und Symbole sind seit jeher Energiefelder mit ganz spezifischen Wirkungsweisen und Schwingungen. Mehr als zwei Drittel aller Logos senden nach Feng Shui negative Schwingungen aus, beziehungsweise stehen im Widerspruch zu der jeweiligen Branche. Das Design von positiven Logos hat sich zu einer komplexen Wissenschaft entwickelt, die die Einbindung von Feng Shui-Spezialisten erforderlich macht.

Zeigt Ihr Logo-Design mehr Harmonie oder Zwiespalt? Harmoniert Ihr Logo auch mit Ihrer Branche? Verfügen Sie über ein günstiges oder ungünstiges Logo? Auf solche und ähnliche Fragen weiß Feng Shui eine konkrete Antwort. Sie können herausfinden, welche Schwingungen Ihr Logo auf das Unterbewusstsein des Betrachters auslöst und welche Richtlinien bei der Gestaltung von Logos zu berücksichtigen sind. Der Einfluss und die Ausdrucksfähigkeit eines Firmenlogos werden allzu häufig unterschätzt. Das Logo spiegelt bei genauerer Analyse die Stimmung des Unternehmens wider. Letztendlich hängt auch die Performance und „Haltbarkeit“ eines Unternehmens von dem Aufbau und der Struktur des Logos ab. Je einfacher und harmonischer, desto besser.

Nach Feng Shui sollte das Logo im Hinblick auf das Element der Besitzerin und die Art des Geschäfts gestaltet werden. Entscheidend für ein Logo ist der erste Gesamteindruck, also eine möglichst harmonische, runde und ausgeglichene Darstellungsform. Bei der Feng Shui-Analyse eines Logos werden das Zusammenpassen der einzelnen Formenelemente untereinander nach den Kriterien der Elemente-Zyklen detailliert einer Prüfung unterzogen. Dabei wird auch der Firmenname in die

Analyse mit einbezogen. Denn jeder Name, natürlich auch ein Firmenname, verfügt bei der Aussprache über ein eigenes Schwingungsfeld. Anhand des Schwingungsfeldes unterscheiden wir kraftvolle und kraftlose Namen. Natürlich können über ein Logo auch gewisse Stimmungsarten durch besondere Tiersymbole und Ähnliches transportiert werden. Vorteilhaft für diese visuelle Form der Kommunikation ist es, wenn auch eine aussagekräftige Harmonie zum allgemeinen Produktumfeld erzielt werden kann. Quadratische Formen spiegeln eine gewisse Seriosität, Kompetenz und Gradlinigkeit wider. Der Kreis gilt als simple, schützende, perfekte geometrische Form. Der Kreis repräsentiert die Erde. Besonders in der Gründungsphase, den ersten zwei Jahren eines Unternehmens, hat es eine schützende Wirkung, das Logo mit einem Kreis zu versehen.

Wie erkenne ich meine wahren persönlichen Talente und Stärken?

Haben Sie Ihre eigentliche Lebensaufgabe gefunden? Kennen Sie Ihre wahren Talente wirklich oder glauben Sie diese nur zu kennen? Für jeden Menschen ist es von äußerster Wichtigkeit, seine wahre Bestimmung und Lebensaufgabe, zu der er in diesem Leben berufen ist, ernsthaft zu suchen und zu finden. Völlig frei und losgelöst von persönlichen, familiären, geografischen oder finanziellen Abhängigkeiten sollten Sie ernsthaft nach Ihrer wahren Vorbestimmung und persönlichen Schwingung suchen. Denn Menschen, die Ihre wahre Lebensaufgabe ernsthaft gesucht und gefunden haben, sind zu außergewöhnlichen Leistungen und Künsten befähigt und beschwingt. Sie leben in Balance mit ihrer inneren Schwingung und setzen durch diese emotionale Intelligenz überdurchschnittliche Akzente.

Um Ihre intuitiven Fähigkeiten und wahren persönlichen Stärken zu erkennen, gibt es einige Möglichkeiten. Zur ausführlichen Vertiefung der Selbsterkenntnis und Intuition empfehle ich beispielsweise das

Buch „Intuition – zum rechten Zeitpunkt das Richtige tun“ von Frau Dr. Angelika Faas.

Zu dem lateinischen Begriff „Intuition“ findet man im Lexikon „Eingebung, Erleuchtung, Inspiration, Geistesblitz (Instinkt), das Erkennen von Umständen oder Entwicklungen“, aber keine dieser Bezeichnungen wird dem komplexen Phänomen zwischen Verstand und Gefühl gerecht.

Versuchen Sie den Zugang zu Ihrer Intuition zu finden, denn ohne Ihre Intuition navigieren Sie durch Ihr Leben wie jemand, der mit der Stange im Nebel stochert. Ihre persönliche Orientierung ist die Intuition, die Ihnen völlig vorurteilsfrei und ohne Sympathie oder Antipathie als Ratgeber zur Verfügung stehen kann.

Die Wahrnehmungen mit allen Sinnen setzt voraus, dass wir uns in Harmonie mit unserer persönlichen inneren Mitte und Schwingung befinden. In ausgeglichener Resonanz mit uns und unserem Umfeld können wir Wege zur Selbstbesinnung und Selbsterkenntnis finden. Unsere Intuition lässt sich allerdings nicht durch Wunschdenken oder äußere Beeinflussungen programmieren. Für diejenigen, die sich selbst nicht sicher sind oder den Zugang zu ihren sensitiven Fähigkeiten nicht finden, bieten sich auch andere wissenschaftlich erwiesene Möglichkeiten, ihr wahres Schwingungspotenzial und somit ihre intuitiven Fähigkeiten zu erkennen.

Ihre körpereigenen Schwingungen und Ihre energetischen Konstitutionen, auch Aura genannt, die jeden Menschen umgeben, liefern nicht nur Hinweise auf Ihre Befindlichkeit und mögliche Blockaden, sondern auch auf Ihre Potenziale und Ihre Lebensaufgabe. Heutige Wissenschaftler weisen mit modernster physikalischer Messtechnik die Aura als ein konkretes, real existierendes Energiefeld um Lebewesen nach. Hoch sensible Menschen und so genannte Hellseher konnten seit Menschengedenken die feinstofflichen Farbausstrahlungen des Körpers sehen und wahrnehmen. Mit der Erfindung der Kirlianfotografie (Aurafotografie) werden diese Phänomene auch für kritische Zeitgenossen gut sichtbar und bieten Spezialisten die Möglichkeit der detaillierten Analyse.

Neben der ausgereiften und aussagekräftigen Kirlianfotografie kann auch durch das Pendeln eine besondere Fühligkeit entwickelt werden, unsichtbare Schwingungen oder Strahlungen wahrzunehmen.

Energiereich – Steigerung der Kreativität und Leistungsfähigkeit

Energie ist Kraftstoff für den Menschen, der die Leistungsfähigkeit des Menschen wesentlich beeinflusst. Wenn Ihr Büroraum also eher ein besserer „Abstellraum" ist mit schlechten energetischen Rahmenbedingungen wie wenig Fenstern, schlechten Lichtverhältnissen, fehlenden Blumen und farbloser, unvorteilhafter Büroausstattung, dann können Sie kaum vor Kreativität sprühen und geben ein insgesamt schwaches Bild ab. In solchen Räumlichkeiten finden Sie keinen Zugang zu Ihren wahren inneren Kraftquellen. Sie verschenken Ihre Energie und damit auch zirka 50 Prozent Ihrer Kreativität und Leistungsfähigkeit.

Wenn Sie von Ihrem maximalen Leistungsvermögen durch ein negatives Energieumfeld schon etwa 40 bis 60 Prozent in schlechten Räumlichkeiten verlieren, bleibt nur wenig Energie für Ihre Leistungsfähigkeit übrig. Der Wohlfühlfaktor als Voraussetzung für Leistung fehlt in solchen Fällen völlig. Der entscheidende Faktor „Mensch" mit seinen individuellen Lebensbedürfnissen bleibt unberücksichtigt. Menschen sind Schwingungen, die ein optimales energetisches Schwingungsumfeld und möglichst keine Dissonanz mit ihrem Umfeld benötigen.

Wenn Sie Ihre persönliche Produktivität nachhaltig steigern wollen, richten Sie sich unter Berücksichtigung der Feng Shui-Grundsätze einen energiereichen Wohn- und Arbeitsplatz ein, an dem Sie sich in Ihrem persönlichen Element fühlen und eine leicht Yang-betonte Atmosphäre anstreben. Orientieren Sie sich besonders nach den Kriterien der Fünf-Elemente-Lehre, die Ihnen bei der Auswahl von Gestaltungselementen wie Farben, Formen, Materialien, Hilfsmitteln, Pflanzen und Accessoires Hilfe bietet.

Ein energiereiches Wohn- und Arbeitsumfeld fungiert als Basisvoraussetzung für Ihre Willensstärke und Tatkraft.

Kapitel 7

Feng Shui für die Karriere

Frauen – Führungskräfte der Zukunft

Der Einfluss kosmischer Energiequalitäten im Universum durch kontinuierliche Veränderungen hat einen viel größeren Einfluss auf die Menschen, als gemeinhin angenommen wird. Nach dem astrologischen Kalender der Chinesen befinden wir uns im Umbruch vom Fischezeitalter zu einer neuen Ära, dem Wassermannzeitalter, das nach alten chinesischen Überlieferungen um das Jahr 2008 beginnen soll. Das Wassermannzeitalter steht für Individualismus und Kommunikation und es wird gekennzeichnet durch Eigenschaften wie Offenheit, Toleranz und Teamgeist. Der neue Zeitgeist wird die Globalisierung deutlich beschleunigen.

So empfehlen erste amerikanische Consulting-Unternehmen laut neuesten Studien den Unternehmen, Frauen im Management einzustellen, und auch hierzulande steigern große Unternehmen ganz gezielt ihre bislang ignorierte „Frauenquote“.

Auch die Frauen-Netzwerke werden immer dichter und stehen bald dem männlichen Machtgefüge in nichts nach. Ganz im Gegensatz zu den Männern beweisen sich die Frauen als bessere „Networkerinnen und Mentorinnen“ und sind ihnen im Beziehungs-Management taktisch deutlich überlegen.

Denken, handeln und verhalten sich Frauen anders als Männer? Was können Frauen besser als Männer? Was können Frauen weniger gut?

So konnte beispielsweise der US-Radiologe Joseph Lurito nachweisen, dass Männer nicht „richtig“ zuhören, weil sie beim Zuhören nur eine Gehirnhälfte nutzen, während bei Frauen beide Gehirnhälften aktiv sind. So sind die meisten Männer auch viel oberflächlicher als Frauen, denn Frauen besitzen einfach die Fähigkeit für den ganzheitlichen Blick vieler Dinge. Letztendlich verfügen Frauen wie Männer über gleichwertige Talentanlagen, allerdings mit dem kleinen Unterschied, dass einige bei den Frauen für die Gefühlsebene zuständigen Anlagen etwas ausgeprägter sind. Auch die beiden Hemisphären des Gehirns sind organisch identisch, aber nach neuesten wissenschaftlichen Erkenntnissen mit unterschiedlichen Inhalten je nach Geschlecht belegt. Darüber hinaus können Frauen auch schneller als Männer von einer Hemisphäre des Gehirns zur anderen wechseln. Das befähigt zur ganzheitlichen Wahrnehmung, und dadurch können Frauen komplexe Zusammenhänge besser analysieren und flexibler agieren. Alles kleine, aber feine und zukünftig entscheidende Unterschiede.

Die typisch weiblichen Potenziale sind in Führungspositionen noch ungenügend repräsentiert, die so genannten Soft Skills, die weichen Schlüsselfaktoren wie Intuition und Einfühlungsvermögen, Sozialkompetenz, Empathie, Teamfähigkeit und Kooperationsbereitschaft, Offenheit und Kommunikationsstärke, visionäres und vernetztes Denken, ganzheitliche Wahrnehmungsfähigkeit, Sympathie, Motivation, entwickeln sich zunehmend als Erfolgskriterium. Frauen machen auch aufgrund einiger dieser aufgezählten Potenziale einen insgesamt vertrauensvolleren und glaubwürdigeren Gesamteindruck. Auch im Management gelten die universellen Harmoniegesetze: Gute Ideen und Führung beruhen auf ständigem Harmonisieren und Optimieren unterschiedlicher Ansichten und Denkansätze.

Die ideale Methode im modernen Management ist „gezielte“ Balance zwischen Frauen und Männern, damit die weiblichen (Yin-) und die männlichen (Yang-)Schlüsselfähigkeiten in den Positionen erfolgreiche Ergebnisse hervorbringen können. Eine gesunde Ausgewogenheit zwischen intuitiver Weiblichkeit (Yin) und rationaler Männlichkeit (Yang) entwickelt sich zunehmend zur unschlagbaren Komponente im Management der Zukunft. Nicht gegeneinander, sondern miteinander – im harmonischen Zusammenwirken zwischen den weiblichen Yin-Prinzipien und den männlichen Yang-Prinzipien – können die großen zukünftigen Herausforderungen der Menschheit gemeistert werden.

Typische Yin- oder Yang-Qualitäten

Yin-Qualitäten	**Yang-Qualitäten**
weiblich	männlich
Intuition	Rationalität
Beziehung	Individualisierung
Ganzheit	Differenzierung
Team	Hierarchie
Einheit	Entscheidung
Nachdenklichkeit	Ausführung
Phantasie (Vision)	Gesetzmäßigkeiten
Personalführung	Vertrieb
Raum	Zeit

Weder Prestige noch Egosucht der jeweiligen Geschlechter sind zukünftig gefragt. Eine einseitige Frauen- oder Männergesellschaft ist unnatürlich und geht immer zulasten der Beteiligten. Nach der Weltanschauung und der Philosophie des Taoismus stellt die Harmonie zwischen Yin- und Yang-Prinzipien den natürlichen Idealzustand dar. Um dieses Gleichgewicht in den Führungsebenen herzustellen, wird sich in Zukunft noch einiges ändern müssen.

Beruflicher Erfolg – auch eine Frage Ihres persönlichen Energiepotenzials

Es gibt keine Zufälle im Leben, sondern nur Vorsehungen und Chancen, die Sie nutzen oder ungenutzt lassen. Auch die Tatsache, dass Sie dieses Buch lesen, ist kein Zufall, sondern es wurde magisch durch Ihre derzeitige Situation von Ihnen angezogen.

Feng Shui-wissende Frauen haben eine ganzheitliche Sichtweise, wissen mehr über die übergeordneten Dinge des Lebens und des unmittelbaren Umfelds und sind dadurch erfolgreicher, weil sie ihr inneres Kraftpotenzial erkennen, richtig deuten und ihre besonderen Fähigkeiten gezielt fördern. Mit den Kräften des Universums in Berührung zu kommen bedeutet einen Quantensprung für Ihre Vitalität und Ihr Bewusstsein und somit auch für Ihren Erfolg.

Voraussetzung zur Verbesserung Ihres persönliches Erfolgspotenzials sind nachfolgende Kriterien:

- bewusste Akzeptanz der Lebensenergie Ch'i
- Erforschen der Kräfte und Wirkungsweisen des natürlichen Umfelds
- Förderung des natürlichen Gefühls und des persönlichen „Instinkts"
- Lösen Ihrer persönlichen Energieblockaden (seelisch, körperlich, geistig und emotional)
- Einsatz der Feng Shui-Grundlagen im persönlichen und beruflichen Bereich wie unter anderem Tai-Chi, Ch'i-Energie, Fünf-Elemente-Lehre, Bagua, Online-Impuls-Richtungen

Sie werden unmittelbar spüren, wie Sie im Einklang mit Ihrer energetischen Situation sämtliche persönlichen Behinderungen, Ihre Blockaden und allen Ballast über Bord werfen. Im Einklang zwischen Ihrer inneren und äußeren Harmonie fühlen Sie sich nicht nur viel besser und ausgeglichener, sondern es gelingt Ihnen auch vieles schneller und effizienter. Kurzum: Sie bekommen ein viel größeres Chancenpotenzial, das Sie jeweils entsprechend deuten und nutzen sollten. Wer heutzutage Erfolg haben will, muss sich einfach energiereicher, schneller, kreativer und in gefestigter Balance mit sich und seinem energetischen Umfeld befinden. Ansonsten haben Sie kaum eine Chance.

Sie steigern Ihre persönliche Produktivität durch die Aktivierung bislang ungenutzter persönlicher Energieressourcen, weil Sie sich direkt mit Ihren persönlichen kosmischen Ressourcen in Balance befinden. Wenn Sie bislang ohne Feng Shui mit einem maximalen Leistungspotenzial von zirka 40 bis 60 Prozent gearbeitet haben, können Sie Ihre Leistungsfähigkeit je nach Energieniveau bis auf 70 bis 90 Prozent steigern. An dieser Stelle sollte auch noch einmal deutlich hervorgehoben werden, dass in diesem Buch zunächst reines Basiswissen vermittelt wird. Darüber hinaus hält das Feng Shui für professionelle Feng Shui-Berater noch einige weiterführende, ergänzende und vertiefende Analyse- und Verfahrensweisen bereit, die den Feng Shui-Anfänger überfordern würden.

Die moderne, nach Feng Shui-Prinzipien arbeitende Frau nutzt für den Alltag drei Feng Shui-Methoden, um im Einklang mit ihrer inneren und äußeren Harmonie ihr ganzes Leistungspotenzial optimal nutzen zu können.

Die drei Feng Shui-Methoden:

1. Online-Impuls-Kompass
2. Energie-Management nach den „Fünf Elementen"
3. Bagua-System

Zu 1:
In dem Abschnitt „Ihr persönlicher Erfolgskompass" können Sie Ihre persönlichen vier positiven und vier negativen Online-Impuls-Himmelsrichtungen ermitteln. Versuchen Sie sich bei allen wichtigen Angelegenheiten, bei Verhandlungen und Besprechungen, Telefonaten und ähnlichen Maßnahmen konsequent in Ihre möglichst beste Online-Impuls-Himmelsrichtung, oder wenn dieses räumlich nicht möglich ist, in die zweit- oder drittbeste Online-Impuls-Himmelsrichtung zu blicken. Ein Kompass ist zukünftig Ihr ständiger Erfolgsbegleiter.

Zu 2:
In den vorherigen Kapiteln wurden die Funktionsweise und Anwendung der Fünf-Elemente-Lehre vorgestellt. Nicht nur bei Einrichtungs- und Gestaltungsfragen Ihres Wohn- und Arbeitsumfeldes können Sie die Erfahrungen über die energetischen Wirkungsweisen der „Fünf Elemente" sinnvoll nutzen, sondern auch bei vielen personellen und kundenspezifischen Belangen hilft Ihnen dieses komplexe Prinzip durchaus weiter.

Zu 3:
Dieses gilt auch für die Nutzung des Bagua-Rasters. Dieses natürliche Koordinatensystem für die wichtigsten Lebensbereiche hilft Ihnen bei der Analyse und Gestaltung von Gebäuden, Räumen bis hin zum Schreibtisch. Dieses Instrumentarium vermittelt Ihnen einen guten ersten Eindruck von Räumlichkeiten und ihrer jeweiligen Energiequalität.

Sie sollten zur Verbesserung Ihres persönlichen Energiepotenzials Ihren Privatbereich von A bis Z nach denen in diesem Buch erläuterten Feng Shui-Prinzipien untersuchen. Checken Sie Ihr Wohnumfeld, Ihre Beziehung, Familienmitglieder, Ernährung, Kleidung und Gesundheitsgewohnheiten und Ihr berufliches Umfeld. Die Bereiche, die Ihnen Ihres Erachtens die größten Probleme bereiten, sollten Sie einer ganz besonders sorgfältigen Analyse unterziehen und sie gegebenenfalls gezielt harmonisieren. Achten Sie dabei immer auf absolute Klarheit,

Checkliste: Zusammenfassende Schritte zur Verbesserung des persönlichen Energiepotenzials

Fokussierung	**o. k.**
1. Energiereiche, ausgeglichene Privatsphäre Steigerung beziehungsweise Harmonisierung des Ch'i-Energieniveaus in Ihrer Privatwohnung	
Ganzheitliche Ausrichtung Ihrer Person auf Ihr persönliches Element, Partner- und Familienmitglieder-Harmonieanalyse, Wohn- und Einrichtungsgestaltung, Kleidung etc.	
2. Power im Beruf Analyse nach den „Fünf Elementen" im Hinblick auf Beruf, Branche, Arbeitsumfeld, Mitarbeiter und Mitmenschen sowie Ihr Büro/ Ihren Arbeitsplatz	
Einsatz der positiven Online-Impuls-Richtungen bei wichtigen und beruflichen Aktivitäten	

Ordnung und Sauberkeit. Unordnung, Schlampigkeit und Schmutz bedeuten Sha, also negative Energie, die Sie blockiert.

Smarte Frauen ziehen alle Register für den Erfolg

Clever zu agieren, fachlich versiert zu sein und eine klare Zieldefinition und Vision zu besitzen ist ja nur die eine Seite des Erfolgs. Die energetischen Zusammenhänge der eigenen Konstitution und des Umfelds subtil und ganzheitlich mit einzubeziehen, das ist die hohe Kunst der Moderne.

Erfolg macht Spaß und ist immer mit psychischem Wohlergehen und Freude an der Tätigkeit verbunden. Anhaltende Freude an der Arbeit setzt voraus, dass Sie sich wohl und in Ihrem Element fühlen. Feng Shui kann Ihnen helfen, Ihr allgemeines Wohlbefinden deutlich zu verbessern. Stets sind Feng Shui-Wissende um ein harmonisches Energieniveau bemüht und versuchen ihre Intuition, die Balance zwischen Kopf und Bauch, zu fördern. Sie halten Logik, Emotionen und Intuition bewusst auseinander und orientieren sich zuerst an ihrer Intuition, dann an der Logik und zuletzt an der Emotion.

Auch bei der Neurolinguistischen Programmierung (NLP) werden ganz gezielt die Mimik, Gestik, Sensorik des Menschen analysiert und berücksichtigt. Versuchen Sie Ihren Blickwinkel und Ihre Sinne für die wirklich wesentlichen Dinge in Ihrem Lebens- und Arbeitsumfeld zu öffnen und zu erweitern.

Wie heißt es noch so schön: „Fleißige Frauen arbeiten und kluge machen Karriere."

Der Gelassene nützt seine Chance mehr als der Getriebene.

Chinesisches Sprichwort

Charisma – die natürliche Ausstrahlungskraft entscheidet

„Beauty is in the eyes of the beholder", besagt eine treffende englische Weisheit, die nichts anderes heißt, als dass wahre Schönheit subjektiv ist und sich nicht an gängigen Modetrends orientiert. Jetzt wäre es aber falsch, daraus zu schließen, dass die Karrierefrau von heute ihre Schönheit dem Zufall oder nur Wasser und Seife überlassen sollte, denn für jede Frau ist ein ganz spezielles, auf ihr Element abgestimmtes Beautyprogramm passend.

Jede Frau hat eine, ihrem Element zugeordnete, typische Aura (Ausstrahlung) und die gilt es richtig in Szene zu setzen. In Studien der Universität Michigan wurde herausgefunden, dass gut aussehende Frauen zuvorkommender behandelt werden und bei Bewerbungsgesprächen beim Personalchef sofort einen Stein im Brett haben. Leider müssen gut aussehende Frauen ihre Qualifikation hinterher dafür doppelt unter Beweis stellen. Wer eine ansprechende, zum Typ passende, positive Ausstrahlung hat, dem wird sofort mehr Sympathie als weniger attraktiven Kolleginnen entgegengebracht. Auch bei der Wahl der Partnerin ist die Ausstrahlung der Frau den Männern wichtiger als das Aussehen. Längst nicht jede Schönheit besitzt auch eine positive Ausstrahlung.

Viele Frauen wollen immer wieder den Anschein erwecken, Sie würden sich ausschließlich für sich selbst schön machen. Umfragen zufolge ist dies schlichtweg gelogen, denn wir ziehen uns schön an und schminken uns, um unserem Gegenüber zu gefallen. Jede Frau mit Klasse weiß, wie schnell man im Berufsleben binnen Sekunden nach der persönlichen Ausstrahlung taxiert wird. Auch wenn sich diese Beurteilung manchmal als falsch erweist, so bleibt dies doch eine Tatsache. Umso wichtiger ist es für Karrierefrauen und solche, die es werden wollen, sich morgens mit Sorgfalt ihrem Element entsprechend zu schminken und zu kleiden. Ziehen Sie alle Register der Werbung in eigener Sache, um sich in privaten und beruflichen Angelegenheiten einfach besser zu verkaufen. Natürlichkeit und Ausgeglichenheit stärken Ihre Selbstsicherheit.

Ganz wichtig ist es, sich im Berufsleben nicht zu stark zu schminken, da dies immer unprofessionell wirkt. Das persönliche Beautyprogramm für die Karrierefrau sollte aber typgerecht und gezielt „elementegerecht“ ausgewählt werden. Greifen Sie nicht wahllos in Ihre Tiegel und Tuben. Wenn man einmal das passende Make-up gefunden hat, wird man es immer sicherer und auch schneller jeden Morgen vor dem Berufsalltag auftragen können.

Zu Beginn einige Stilsünden, die so genannten „Don'ts“ . Sie gelten in entscheidenden Kreisen als absolute „Fauxpas“ und wirken eher peinlich. Modischer Geschmack ist ein sehr sensibler Bereich, aber einige

Stilsünden werden im Berufsleben immer gelten, was wiederum nicht heißt, dass Sie sich nicht privat so zurechtmachen dürfen.

- dunkel lackierte Fingernägel in Schwarz, Blau oder Violett, die auch noch zu lang sind
- bunte oder gemusterte Strumpfhosen oder Strümpfe
- der gesamte Tiger- oder Reptilienlook, auch wenn er im Moment wieder im Trend sein sollte
- Kleider oder Oberteile aus Stretchstoff
- karierte Hosen oder Röcke
- Schuhe und Strümpfe in verschiedenen Farben, denn sie verkürzen die Beine optisch
- großzügige Dekolletés
- aufgekrempelte Ärmel von Jacken oder Blusen
- zu viel Schmuck auf einmal – weniger ist mehr; maximal ein Ring pro Hand
- zu kurze Röcke oder Shorts: besser in der Freizeit oder im Urlaub
- Leggings! Fast jede Frau, die sich darin von hinten sehen würde, würde sie sofort in den Altkleidersack befördern
- schwarz umrandete Augen – der Blick wirkt weder wach noch positiv
- silberner oder goldfarbener Lidschatten: besser für die Party geeignet
- Designerlabels auffällig platziert, zum Beispiel vorne auf dem T-Shirt
- über den Lippenrand hinaus geschminkte Lippen
- Wickelröcke oder Hosenröcke; gehören nicht ins Büro, da sie kein entspanntes Sitzen zulassen
- schwere Düfte; besser sind die so genannten frischen grünen Duftnoten
- Haarschnitt: weder zu lang noch zu kurz. Halb lange, exakt geschnittene Haare sind immer richtig.

In der folgenden Tabelle finden Sie die speziell Ihrem Element zugeordneten Schminktipps. Jedes Make-up geht von einer perfekten, sorgfältig ausgeführten Grundierung der Haut aus. Dies sollten Sie dabei beachten: Verwenden Sie eine milde, seifenfreie Reinigungsmilch, Ihre Tagescreme sollte auf jeden Fall einen Lichtschutzfaktor haben (nachschauen, beziehungsweise prüfen), denn Licht und Sonne sind der Feind Nummer eins für Ihren Teint. Eine vorzeitige Alterung tritt durch zu viel Sonne ein. Das Make-up muss in Ihrem Hautton sein, denn es sollte einen ganzen Tag lang halten und nicht fleckig werden. Über Ihr Make-up tragen Sie losen Puder auf, um glänzende Stellen zu mattieren und das Make-up zu fixieren. Für Ihr Feng Shui-Make-up gilt immer die Grundregel: Weniger ist mehr! Je natürlicher, desto besser und gesünder! Nutzen Sie auch die Macht der Düfte typgerecht aus. Das Make-up soll lediglich Ihre Vorzüge unterstreichen und Ihnen mehr Selbstbewusstsein verleihen. Wer perfekt geschminkt ist, strahlt eine angenehme Gelassenheit und Sicherheit im Berufsleben aus.

Ihr Element	**Wasser**	**Holz**	**Erde**	**Metall**	**Feuer**
Lidschatten: Farben	weiß, grau hellblau	weiß, hellgrün	beige, rosa, braun	weiß, grau, hellblau	rosa, hellgrün
Wimperntusche – nicht schwarz –	dunkelbraun	dunkelbraun	dunkelbraun	dunkelbraun	dunkelbraun
Make-up: Farbe	je nach Hauttönung	je nach Hauttönung	je nach Hauttönung	je nach Hauttönung	je nach Hauttönung
Lippenstift – immer –	rosa, rot (blaustichig)	rosa, rot	rosa, rot, bräunlich (warm)	rot, rosa, blaustichig	rot, orange (warm)
Rouge	blaustichig	blaustichig	braun (warmer Ton)	blaustichig	rot (warmer Ton)

Wichtig: Um morgens gut gelaunt zu sein und positiv in den neuen Tag zu blicken, sollten Sie beim Blick in den Spiegel in eine für Sie positive Richtung schauen (siehe Seite 138 f.).

Bedenken Sie immer, dass Sie für den ersten Eindruck keine zweite Chance haben!

Ost- oder Westgruppenfrau?

Dass Ihre Umwelt und auch die spezifische Lage von Räumen Ihr Befinden und somit Ihre Leistungsfähigkeit direkt und indirekt beeinflussen, wurde mehrfach erläutert. Auch die Himmelrichtungen mit ihren unterschiedlichen Energiequalitäten beeinflussen zusätzlich unsere Konstitution und stellen eine separate Naturlehre bei den alten Chinesen für sich dar. Denn die Blickrichtung, also die Himmelsrichtung, in die Sie gerade schauen, verfügt über bestimmte Energiequalitäten, die im kommenden Abschnitt detaillierter erläutert werden.

Ob Ihr Trigramm, das Sie in diesem Abschnitt anhand der Tabelle ermitteln können, der Ostgruppe oder Westgruppe angehört, übt direkten Einfluss auf beispielsweise Ihre Leistungs- oder Regenerationsfähigkeit am Arbeitsplatz oder im Bett aus. So sollten Frauen, die der Ostgruppe angehören, zum optimalen Regenerieren mit dem Kopf in Himmelrichtung Osten schlafen.

Bestimmen Sie anhand Ihres Geburtsjahres und Geschlechts in der nachfolgenden Tabelle Ihre persönlichen günstigen Online- und ungünstigen Offline-Impulse-Richtungen.

Ermittlung des persönlichen Trigramms

Geburts-jahr	Trigramm Frauen
1920	TUI
1921	KEN
1922	LI
1923	K'AN
1924	K'UN
1925	CHEN
1926	SUN
1927	KEN
1928	CHIEN
1929	TUI
1930	KEN
1931	LI
1932	K'AN
1933	K'UN
1934	CHEN
1935	SUN
1936	KEN
1937	CHIEN
1938	TUI
1939	KEN
1940	LI
1941	K'AN
1942	K'UN
1943	CHEN
1944	SUN
1945	KEN
1946	CHIEN

Geburts-jahr	Trigramm Frauen
1947	TUI
1948	KEN
1949	LI
1950	K'AN
1951	K'UN
1952	CHEN
1953	SUN
1954	KEN
1955	CHIEN
1956	TUI
1957	KEN
1958	LI
1959	K'AN
1960	K'UN
1961	CHEN
1962	SUN
1963	KEN
1964	CHIEN
1965	TUI
1966	KEN
1967	LI
1968	K'AN
1969	K'UN
1970	CHEN
1971	SUN
1972	KEN
1973	CHIEN

Geburts-jahr	Trigramm Frauen
1974	TUI
1975	KEN
1976	LI
1977	K'AN
1978	K'UN
1979	CHEN
1980	SUN
1981	KEN
1982	CHIEN
1983	TUI
1984	KEN
1985	LI
1986	K'AN
1987	K'UN
1988	CHEN
1989	SUN
1990	KEN
1991	CHIEN
1992	TUI
1993	KEN
1994	LI
1995	K'AN
1996	K'UN
1997	CHEN
1998	SUN

Tabelle zur Bestimmung der Online-/Offline-Impuls-Richtungen (Ostgruppen-/Westgruppenbestimmung)

– Ostgruppe –

Online-Impuls-Richtungen / positive Richtungen

Trigramm/ Kua-Zahl	Glück (1) AA	Gesund-heit (2) A1	Harmonie (3) A2	Pflichtbe-wusstsein (4) A3
LI 9	Ost	Südost	Nord	Süd
K'AN 1	Südost	Ost	Süd	Nord
CHEN 3	Süd	Nord	Südost	Ost
SUN 4	Nord	Süd	Ost	Südost

Zahlen beziehungsweise AA–A3 geben die Rangordnungen der Richtungen an.

– Ostgruppe –

Offline-Impuls-Richtungen / negative Richtungen

Trigramm/ Kua-Zahl	Probleme (1) D1	Prestige-verlust (2) D2	Krankheit, Unheil (3) D3	Zerstörung (4) D4
LI 9	Nordost	Südwest	West	Nordwest
K'AN 1	West	Nordwest	Nordost	Südwest
CHEN 3	Südwest	Nordost	Nordwest	West
SUN 4	Nordwest	West	Südwest	Nordost

Zahlen beziehungsweise D1–D4 geben die Rangordnungen der Richtungen an.

– Westgruppe –

Online-Impuls-Richtungen / positive Richtungen

Trigramm/ Kua-Zahl	Glück (1) AA	Gesund-heit (2) A1	Harmonie (3) A2	Pflichtbe-wusstsein (4) A3
TUI 7	Nordwest	Südwest	Nordost	West
CHIEN 6	West	Nordost	Südwest	Nordwest
KEN 8	Südwest	Nordwest	West	Nordost
K'UN 2	Nordost	West	Nordwest	Südwest

Zahlen beziehungsweise AA–A3 geben die Rangordnungen der Richtungen an.

– Westgruppe –

Offline-Impuls-Richtungen / negative Richtungen

Trigramm/ Kua-Zahl	Probleme (1) D1	Prestige-verlust (2) D2	Krankheit, Unheil (3) D3	Zerstörung (4) D4
TUI 7	Nord	Südost	Süd	Ost
CHIEN 6	Südost	Nord	Ost	Süd
KEN 8	Süd	Ost	Nord	Südost
K'UN 2	Ost	Süd	Südost	Nord

Zahlen beziehungsweise D1–D4 geben die Rangordnungen der Richtungen an.

Ihr persönlicher Erfolgskompass

Kennen oder arbeiten Sie eigentlich mit Ihrem eingebauten Kompass? Etwa 2500 vor Christus entwickelte ein weiser Chinese den ersten Kompass als technisches Hilfsmittel, mit dem an jedem Ort der Erde die Himmelsrichtungen präzise geortet werden konnten. Der Kompass ist noch heute, im 21. Jahrhundert, Basis sämtlicher, auch hochmoderner Navigations- und Orientierungssysteme in der Luft- und Seefahrt, wie natürlich auch in diversen Freizeit- und Sportbereichen.

Alle Menschen besitzen eine kleine Eisenansammlung zwischen den Augen und dem Siebbein, die zur Orientierung (magnetisch Nord) innerhalb des Magnetfeldes der Erde helfen soll. Diesen fast unausgebildeten Kompass konnten Forscher der Universität Manchester in umfangreichen Versuchen nachweisen, wie auch Marc McCutcheon in seinem Buch „Der Kompass in der Nase" umfangreich dokumentiert. Niemand weiß, wie das Gehirn diesen Orientierungssinn genau verarbeitet, aber bei einem Dutzend von Tieren, wie zum Beispiel bei Tauben, Delphinen, Thunfischen, Lachsen, Bienen, wurden ähnliche magnetische Ablagerungen im Gehirn nachgewiesen, die diesen Tieren zur eigenen Navigation dienen. Interessant an dieser wissenschaftlichen Feststellung erscheint allerdings, dass die Chinesen von diesen Dingen schon weit vor Christi Geburt wussten und die daraus resultierenden Erkenntnisse für den Menschen nutzbringend einsetzten.

Die moderne Frau benötigte bis heute nur eine Uhr als Hilfsmittel für die Zeitorientierung für den Berufsalltag. Für die Führungskräfte von morgen reicht das leider nicht mehr. Die Frau von morgen verfügt neben der Uhr ständig über einen Kompass, der ihr ihre persönlichen Online-Impuls-Himmelsrichtungen anzeigt. Ob bei wichtigen Vorträgen, Hauptversammlungen, Sitzungen, Gesprächen, Telefonaten am Schreibtisch oder ähnlichen konzentrationsintensiven Aktivitäten, überall im Geschäftsleben, wo es um Erfolg oder Misserfolg geht, achtet die erfolgsbewusste Managerin stets darauf, dass sie in eine ihrer erfolgreichen Online-Impuls-Himmelsrichtungen blickt.

Jeder kennt bestimmte Situationen im Geschäftsalltag, wie zum Beispiel Verhandlungen, die im Vorfeld als leichte Hürde für ein fast sicher geglaubtes positives Ergebnis angesehen wurden, aber im Gegensatz dazu und zum Erstaunen des Managements völlig negativ ausgingen, und andere Verhandlungen wiederum, die im Vorfeld als fast völlig aussichtslos angesehen werden, dann aber mit absoluter Bravour zum Erfolg wurden. Keiner kann sich dieses Phänomen erklären. Im Volksmund werden solche schlechten Ereignisse kommentiert mit „Schlechter Tag“, „Bin heute nicht in Form“, „Nicht mein Tag heute“ oder auf Neudeutsch mit „Dumm gelaufen!“. Diese Erklärungen sind sehr simpel, deuten aber auch auf eine absolute Ahnungslosigkeit hin.

Schon die alten Chinesen versuchten die übergeordneten Zusammenhänge solcher unterschiedlichen Leistungszustände des Menschen sehr viel komplexer zu ergründen. Diese jahrtausendealten chinesischen Weisheiten und Erfahrungswerte werden von den acht Trigrammrichtungen abgeleitet. Jede dieser unterschiedlichen Himmelsrichtungen verfügt über ein eigenes energetisches Schwingungsmuster, das auf den Menschen, je nach seiner Plus-/Minus-Polarisierung entweder förderliche, stärkende oder nachteilige, schwächende Wirkungen ausübten. Grundlage der Bestimmung dieser Himmelsrichtungen sind die sich in bestimmten Zeiträumen verändernden astrologischen Planetenkonstellationen mit ihren unterschiedlichen Kraftfeldern zum Zeitpunkt der Geburt. Man unterscheidet nach diesem System die so genannten Ostgruppenmenschen von den Westgruppenmenschen und natürlich auch nach Frauen und Männern, wie Sie den Tabellen auf Seite 138/139 entnehmen können. Es gibt jeweils vier förderliche Himmelsrichtungen mit unterschiedliche Energieschwingungsgraden und vier nachteilige, ungünstige Himmelsrichtungen mit verschiedenen Energieschwingungsgraden.

Für diese acht Trigramm-Himmelsrichtungen gibt es im Feng Shui-Sprachgebrauch ganz unterschiedliche Bezeichnungen: Trigrammrichtungen, Kua-Richtungen, Energierichtungen, Kraftrichtungen, Erfolgsrichtungen und Glücksrichtungen, um nur einige aufzuzählen. Alle haben die gleiche inhaltliche Bedeutung. Wir verwenden in diesem Buch die nachfolgenden Bezeichnungen:

Online-Impuls-Richtungen: förderliche, nützliche, positive Himmelsrichtungen;
Offline-Impuls-Richtungen: nachteilige, schädliche, negative Himmelsrichtungen.

Von jeder Himmelsrichtung empfangen Menschen und Tiere ganz spezielle Ch'i-Impulse, die auf das persönliche Leistungspotenzial und das Wohlbefinden positiv einwirken und auch das psychische Verhalten des Einzelnen vorteilhaft beeinflussen.

Jede dieser vier Online-Impuls-Richtungen hat unterschiedliche Wirkungen und Impulse, sodass jede Richtung einen gut einprägsamen Oberbegriff zur entsprechenden Differenzierung erhält. Die zweistelligen Codes in Klammern, wie zum Beispiel „AA", werden von Feng Shui-Experten weltweit eingesetzt.

Vier Online-Impuls-Richtungen:

1. **Glück (Erfolg) (AA)**
   Beste, allgemein präferierte Richtung für fast alle Tätigkeiten, sowohl im beruflichen wie auch privaten Bereichen, Erfolgsrichtung für finanziellen und persönlichen Erfolg.

2. **Gesundheit (Fitness) (A1)**
   Zweitbeste Erfolgsrichtung, die aber in erster Linie für das persönliche Wohlbefinden und zur Stärkung der persönlichen Dynamik und Verbesserung Ihrer energetischen Schwingungen geeignet ist. Diese Richtung steht darüber hinaus auch für Vermögen und hilfreiche Freunde beziehungsweise Mentoren.

3. **Harmonie (A2)**
   Drittbeste Erfolgsrichtung, ist bei familiären und personellen Problemen, Differenzen und Konflikten zur Schlichtung und Verbesserung der Harmonie von Vorteil.

4. **Pflichtbewusstsein (Schreibtisch) (A3)**
   Viertbeste Erfolgsrichtung, Konzentration Ihres ganzen Leistungs- und Kreativtätspotenzials auf gravierende Entscheidungen und zur positiven Unterstützung von wichtigen Projekten, beste Blickrichtung für Ihren Schreibtischarbeitsplatz.

Vier Offline-Impuls-Richtungen:

1. **Probleme (Unausgeglichenheit) (D1)**
   Misserfolgsrichtung, mit geringen negativen Auswirkungen auf Harmonie, Finanzen und ähnlichen Ereignissen.

2. **Prestigeverlust (D2)**
   Zweite Misserfolgsrichtung, die kleine Probleme, geringen Geldverlust und negative Einflüsse am Arbeitsplatz und in der Familie verursachen kann.

3. **Krankheit (Unheil) (D3)**
   Dritte Misserfolgsrichtung, die Einfluss auf Unheil, Unfälle und Gesundheitsprobleme nehmen kann.

4. **Zerstörung (D4)**
   Ungünstigste Misserfolgsrichtung, die gravierendste negative Einflüsse auf Gesundheit, Wohlstand und Berufsleben ausüben kann.

Mit dem speziellen auf Ihren Trigrammtyp zugeschnittenen Erfolgskompass (Bild siehe Seite 1④④) sind Sie für Ihren Erfolg immer gut gewappnet.

Wichtig: Beachten Sie dabei bitte immer, das Sie eine aufrechte, gerade Sitzhaltung einnehmen oder mit beiden Füssen parallel auf dem Boden stehen, damit Ihre Energien nicht blockiert werden, sondern optimal fließen können.

Probieren Sie dieses über einen gewissen Zeitraum von mindestens drei Wochen aus und urteilen Sie bewusst selbst über Ihre eigenen Erfahrungen.

Sie werden feststellen, dass Sie eine verbesserte Arbeitseffizienz und mehr Energie besitzen, weniger Stress und höhere Arbeitsmotivation empfinden.

Bedenken Sie immer:
Jede Richtungsveränderung beeinflusst unmittelbar das Umfeld und unser Verhalten!

Die Schlüsselfunktion Ihrer Sitzposition

Den wenigsten Frauen ist bekannt, dass die optimale Sitzposition eine der wichtigsten Voraussetzungen für ihren persönlichen Verhandlungserfolg kennzeichnet. Deshalb sollten Sie versuchen, in wichtigen Gesprächen und Verhandlungen immer die Sitzposition der „subtilen Überlegenheit" einzunehmen.

Um in Ihren wichtigen Meetings, Bewerbungsgesprächen oder Verhandlungen die optimale Ausgangsposition zu erhalten und nichts dem Zufall zu überlassen, orientieren Sie sich immer mit dem Kompass. Die eine oder andere Leserin wird nun zunächst schmunzeln. Zu Recht, denn warum soll der Kompass und das Sitzen in die günstige Himmelsrichtung Sie in Verhandlungen unterstützen? Probieren Sie es einfach acht Wochen lang aus. In diesem Abschnitt werden noch einmal die wesentlichen Kriterien für das Arbeiten mit dem Kompass im Berufsalltag erläutert.

Oberste Prämisse beim Einsatz des Kompasses ist immer, dass Sie den Kompass so einsetzen, dass es niemand mitbekommt. Da Sie ja Ihre persönlich günstigen vier Online-Impuls-Himmelsrichtungen möglichst verinnerlicht haben, können Sie sich dann schon entsprechend grob orientieren, in welche Richtung Sie sich setzen müssen. Sie können auch unter vorgehaltener Kostümjacke Ihren Kompass zurate ziehen, so als wenn Sie auf die Uhr schauten. Lassen Sie Ihrer Phantasie freien Lauf. Versuchen Sie ein Gebäude möglichst von einer für Sie günstigen Online-Impuls-Himmelsrichtung zu betreten, zur Not sogar durch einen Nebeneingang des Gebäudes.

Achten Sie zukünftig bei jedem Meeting auf die nachfolgenden Prioritäten in aufsteigender Reihenfolge:

Checkpoints:

1. **Sitzposition mit direktem Blick zur Tür**
2. **Sitzposition mit festem Backing (Wand)**
3. **Sitzposition in einer Online-Impuls-Richtung**
4. **Gerades und aufrechtes Sitzen**

Zu 1. Sitzposition mit direktem Blick zur Tür

Ist Ihre Sitzposition so, dass Sie ein optimales Backing haben und den ganzen Raum inklusive der Raumtür im Blickfeld haben? Dann sind Sie automatisch die dominierende Person im Raum. Denn jede kennt das unangenehme Gefühl, mit dem Rücken unmittelbar zur Tür zu sitzen und immer damit rechnen zu müssen, dass jemand hereinkommt. Die Konzentrationsfähigkeit geht verloren, und das wirkt sich unweigerlich auf das Ergebnis Ihres Meetings aus.

Zu 2. Sitzposition mit festem Backing

Ebenso Priorität hat das Backing, das heißt im Rücken benötigen Sie Schutz und die notwendige Sicherheit durch zum Beispiel eine Wand, einen Raumteiler oder Ähnliches, die sich auch in Ihrem ganzen Auftreten während der Verhandlung deutlich bemerkbar macht. Mit dem Rücken zu einem Fenster oder in dem direkten Energiefluss zwischen Raumtür und Fenster zu sitzen, ist negativ und führt zu Unruhe und übermäßigen Aktionen. Lassen Sie sich etwas einfallen: Drehen Sie sich zur Seite, verrücken Sie Ihren Stuhl ...

Zu 3. Sitzposition in einer Ihrer persönlichen Online-Impuls-Himmelrichtungen

Ihre persönlichen vier Online-Impuls-Himmelsrichtungen haben Sie sicherlich auf Seite 138 f. ermittelt. Nutzen Sie diese Erkenntnisse. Sie werden merken, wie Sie insgesamt leichter, kreativer und intuitiv maßvoller in Ihrer Gesprächsstrategie mit den richtigen Impulsen zum entscheidenden Zeitpunkt agieren.

Zu 4. Gerades und aufrechtes Sitzen
Damit Ihre Energien im Körper ohne Blockaden reibungslos fließen können, achten Sie bitte darauf, sich unbedingt gerade und aufrecht, mit beiden Füßen auf dem Boden zu setzen. Halten Sie Ihren Kopf grundsätzlich gerade und entspannen Sie Ihren Oberkörper, denn die Ausstrahlung demonstriert Ihrem Gegenüber auch Aufgeschlossenheit und Interesse. Die Füße sollten weder seitlich angewinkelt noch über Kreuz gestellt werden.

Mobbing-Prävention

Vorsicht Heckenschützen auf Ihrem Weg zur Karriere! Lassen Sie sich nicht in den Rücken fallen! Mobbing kommt aus dem Englischen „the mob", was übersetzt „die Meute, die über jemanden herfällt" bedeutet, und steht auch in Deutschland für eine Volksseuche, die im Wesentlichen auf energiearme und disharmonische Arbeitsplatzgestaltungen und nachteiliges Verhalten der Mobbing-Opfer zurückzuführen ist. Diese moderne Berufskrankheit in Form von psychomentalem und psychosozialem Stress kostet allein die deutsche Wirtschaft jährlich über 43 Milliarden Euro.

Für die jeweils Betroffenen im Bürokampf und für das Unternehmen ergeben sich durch diese Form der Schikanen und Intrigen grundsätzlich nur Nachteile.

Für die betroffenen Mitarbeiter wirken sich Angriffe auf das soziale Ansehen, auf sozialen Beziehungen, auf die Karriere und berufliche Identität und selbstverständlich auch auf das Wohlbefinden und die Gesundheit negativ aus.

Viele Unternehmen unterschätzen die betriebswirtschaftlichen Nachteile und hohen Kosten: Denn neben der Demotivierung, innerer Kündigung, dem Anstieg der Fehlzeiten und des Krankenstands sinkt die

Konzentration, Fehler häufen sich und letztendlich leidet darunter die Produktivität.

Wie dumm, dass fast 70 Prozent aller Mobbing-Fälle laut einer neuen Studie eines Frankfurter Psychologieprofessors auf das Konto des Chefs gehen und nicht dem „bösen Kollegen vom Schreibtisch nebenan“ anzulasten sind.

Mit Feng Shui-Maßnahmen können Sie sich gezielt vor Mobbing-Angriffen schützen und gegebenenfalls auch wehren. Mobbing ist immer ein Indiz für ein latentes Energieproblem in der Gruppe, in dem ängstliche beziehungsweise geschwächte Mitarbeiter von energetisch starken Mitarbeitern oder Vorgesetzten förmlich „energetisch ausgesaugt“ werden. Bei der Analyse von Mobbing-Vorfällen konnte ich immer wieder bestimmte Zusammenhänge und Verhaltsmuster feststellen, die eine gewisse Kettenreaktion nach sich zogen.

Mobbing-Opfer verfügen unbewusst über eine geschwächte psychische Stabilität durch eine falsche Sitzposition, häufig mit dem Rücken zur Tür oder zum Team, haben somit auch kein festes Backing wie zum Beispiel eine Wand, und nur mäßige Luft-, Licht- und Raumverhältnisse. Durch dieses nachteilige Arbeitsumfeld werden die Opfer innerhalb weniger Wochen geschwächt, in Folge von Überforderung macht sich Unordnung breit, sie verlieren die Kontrolle und den Überblick, Unordnung und Angst, den Arbeitsplatz zu verlieren, machen sich breit, Fehler schleichen sich vermehrt ein. Das Opfer wird immer angreifbarer. Ein unvorteilhaftes Outfit und ein auf das Opfer bezogenes disharmonisches Umfeld beschleunigen diese Entwicklung im Regelfall.

Ein optimales Feng Shui am Arbeitsplatz federt solche Mobbing-Szenarien im Vorfeld ab. Feng Shui vermittelt am Arbeitsplatz Sicherheit, Selbstvertrauen und Harmonie mit dem Umfeld. In nach Feng Shui eingerichteten und arbeitenden Unternehmen ist das Wort „Mobbing“ ein absolutes Fremdwort. Harmonie und Zusammenhalt, intakte Kommunikation, gemeinsames Arbeiten an den eigentlichen Unternehmensaufgaben und -zielen prägen das intakte und effiziente Betriebsklima. Schon bei der Personalauswahl treffen Feng Shui-Wissende die geeigneten Maßnahmen hinsichtlich der Teambesetzung und Arbeitsplatzgestaltung und überlassen damit Konflikte nicht nur dem „Kollegen Zufall“. Achten Sie immer auf die optimalen Rahmenbedingungen hinsichtlich eines angemessenen und positiven persönlichen Outfits und darauf, dass Sie ein optimales, energiereiches Arbeitsumfeld für sich einrichten, wie in anderen Kapiteln dieses Buches beschrieben wurde. Feng Shui als wirksame Anti-Mobbing-Strategie hat sich mittlerweile vielfach praktisch bewährt.

Kapitel 8

Office-Feng Shui

Welche Topleistungen sollen in zahlreichen „Bürozellen“ eigentlich zustande kommen?, müssen wir uns fragen. Feng Shui-erfahrene Frauen wissen um die Bedeutsamkeit der optimalen Positionierung des Mobiliars und der Arbeitsplatzgestaltung. Eine inspirierende Bürokultur in einem harmonischen und energiereichen Arbeitsumfeld wird zum gravierenden Erfolgsfaktor für jede Mitarbeiterin respektive für das Unternehmen. Nicht hypermoderne Äußerlichkeiten, Optik oder tolles, teures Design entscheiden, sondern umfangreiche individuelle Feng Shui-Berechnungen über die spezielle Positionierung und Harmonisierung der vorherrschenden Energieströme im Hinblick auf den Chef/die Chefin, die Belegschaft, die Unternehmensaufgabe und das Umfeld weisen den energiereichen Weg zum erfolgreichen Arbeiten. Jede Maßnahme, jeder Gegenstand und jede Konstellation hat ihre für jeden nachvollziehbare Bedeutung und Funktionsweise. Überlassen Sie nichts dem Zufall, letztendlich wird aber bei Gestaltung auch Phantasie und Individualität verlangt.

Welche Bedeutung die Auf- und Zuteilung der Büroarbeitsplätze im Bezug auf die einzelnen Mitarbeiter, ihren Wirkungskreis und ihr persönliches Leistungsniveau hat, sind sich die meisten Unternehmen noch gar nicht bewusst. Maßgebliche Aufgabe für das moderne Management wird es sein, für alle Mitarbeiter ganz individuell nach ihren persönlichen Feng Shui-Kriterien ein optimales Arbeitsumfeld zu schaffen.

In diesem Kapitel werden einige Hilfestellungen einer harmonischen und leistungsbezogenen Arbeitsplatzgestaltung vorgestellt, die auf einzelne Mitarbeiterinnen natürlich unter Berücksichtigung ihrer individuellen Feng Shui-Parameter übertragen werden könnten.

Nur in einem Büro beziehungsweise an einem Schreibtisch, wo Sie sich persönlich absolut wohl fühlen und entfalten können und wo reichlich Energie- und Sauerstoffzufuhr gewährleistet ist, sind die optimalen Voraussetzungen gegeben, Höchstleistungen für das Wohl des Unternehmens zu erzielen. Arbeitsplatzharmonie ist das Zauberwort, weil Harmonie positive Schwingungen ausstrahlt. Schluss mit dem „Management by geschlossene Türen und Fenster" in Europa. Mit Feng Shui befinden Sie sich auf dem richtigen Weg zu Ihrem persönlichen Wohlfühlarbeitsplatz und zu Spitzenleistungen. Schritt für Schritt.

Ihr Büro lebt!!!

Ihr Büro lebt! Ob aber Ihr Büro für oder gegen Sie arbeitet, ist eine entscheidende Frage für Ihre persönliche berufliche Entwicklung. Denn eine große Bedeutung werden dem persönlichen Arbeitsplatz und Büroraum beigemessen. Eine entscheidende Frage für die Leistungsqualität in jedem Büro lautet: Wie hoch ist der Energiegehalt und fließt die Ch'i-Energie ungehindert in Ihrem Büro? Liegt die Raumenergie ihres Büros sogar unter 35 Prozent, laugt Ihr Büroraum Sie förmlich aus. Über eine hundertprozentige Leistung und Energie verfügt der Mensch draußen in der freien Natur. Im Gebäude wird der Mensch vielfach von der Energie- und Sauerstoffzufuhr durch die Architektur abgeschnitten.

Deshalb ist die Art und Ausstattung des Büroraums nach den „Fünf Elementen" ebenso wichtig wie die Gestaltung der Raumeinteilung des Büros nach dem Bagua-System.

Bei der Positionierung Ihres Schreibtischs und Sitzplatzes orientieren Sie sich immer nach dem System der Fünf-Tiere-Symbolik. Ein weiterer entscheidender Faktor für Ihren Erfolg ist Ihre persönliche Blick- und Sitzrichtung nach den Kriterien der Online- beziehungsweise Offline-Impuls-Himmelsrichtungen.

Auch die Lage Ihres Büroraums innerhalb des gesamten Unternehmensgebäudekomplexes sollten Sie, wenn möglich, nicht dem Zufall überlassen. Diese entscheidet über Ihre persönlichen Entfaltungs-, Leistungs- und Erfolgsmöglichkeiten ebenso wie über Ihre Anerkennung und Karriere im Unternehmen.

Das Office-Feng Shui beinhaltet weit mehr als die heutige Ergonomie von Büroarbeitsplätzen. Neben den sichtbaren werden auch die unsichtbaren Faktoren, die den Arbeitsplatz beeinflussen können, berücksichtigt. Nicht nur die beste Sitzposition oder Schreibtischform für den Benutzer ist ausschlaggebend, sondern die Raumharmonie zwischen den Möbeln, Farb- und Lichtgestaltung, geobiologische Störfaktoren, Arbeitsmittel und Gegenstände, Sitzsituation und Raumstruktur in Bezug auf die individuellen Persönlichkeitsmerkmale der Benutzerin. Auch viele innenarchitektonische Raffinessen mögen zwar optisch ganz interessant wirken, können allerdings für die Mitarbeiterinnen, die sich ständig in solchen Räumen aufhalten, gewisse Nachteile mit sich bringen.

Akzente für die förderlichen Farben, Formen, Materialien und Accessoires entnehmen Sie den einzelnen Tabellen der Fünf-Elemente-Lehre (siehe Seite 15④).

Analysieren Sie mit dem Bagua Ihren Büroraum, indem Sie das Bagua-Raster mit der Grundlinie auf den Eingang Ihrer Bürozimmertür anlegen. Eine der wichtigsten Fragen ist, ob der Büroraum über räumliche Fehlbereiche verfügt. Sollten Fehlbereiche vorhanden sein, müssten diese ausgeglichen werden. Da gibt es mehrere Möglichkeiten, die

Schreibtischformen nach den „Fünf Elementen"

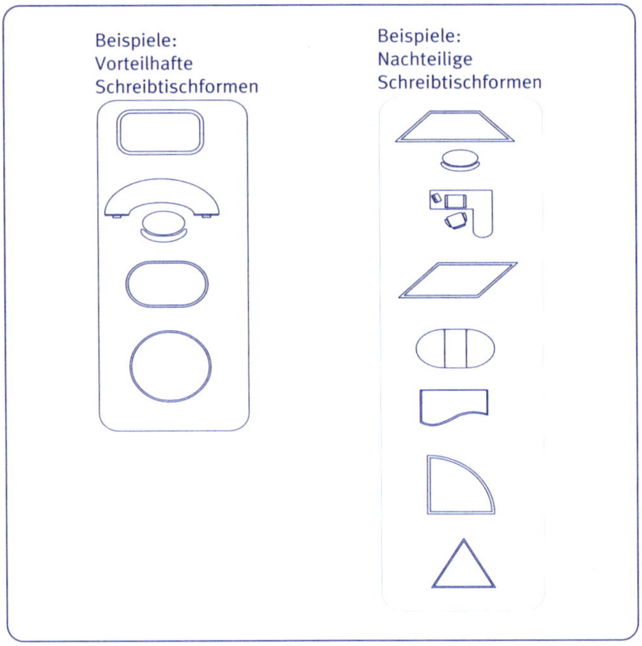

Bagua-Kontrollpunkt „Büroraumtür"

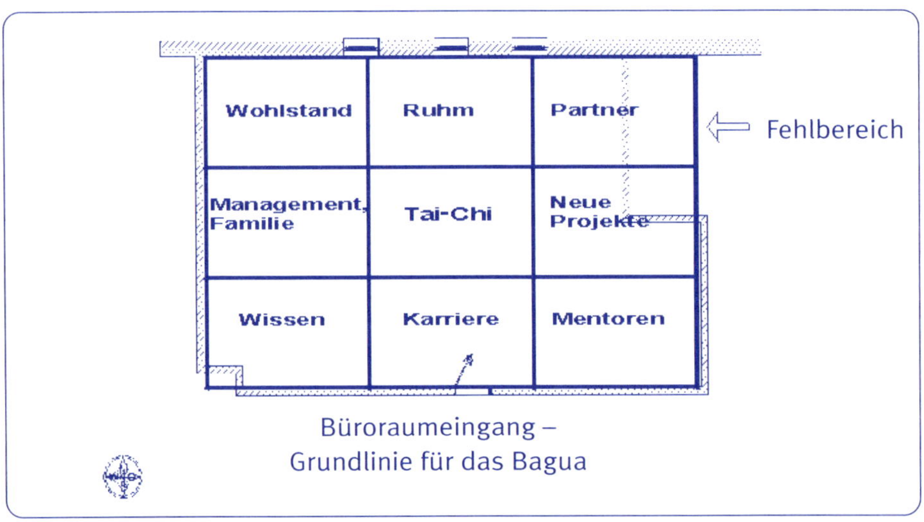

aber umfangreiches Feng Shui-Wissen voraussetzen. Eine simple Lösung für Anfänger, die auch nur begrenzte Wirkung zeigt, ist die gezielte Aktivierung des Raumfehlbereichs im gleichen Bagua-Bereich auf dem Schreibtisch.

Beim Feng Shui hat der Energiefluss des Ch'i immer absolute Priorität. Deshalb prüfen Sie anhand des Gebäudegrundrisses, ob reichlich Ch'i überhaupt bei Ihrem Büroraum ankommt und ob dieses Ch'i sich auch möglichst lange speziell in Ihrem Büroraum und Sitzbereich aufhält.

Das Ch'i kommt durch die Bürotür und sollte nicht auf direktem Wege wieder zum Fenster hinausgehen. Beispielhaft wird der Fluss des Ch'i in den Bildern dauf Seite 154 dargestellt.

Versuchen Sie im Laufe der Zeit ein Feeling für die Beurteilung energiereicher Räume zu entwickeln. Scannen Sie die Räume gewissermaßen mehrdimensional, um den Energiefluss des Ch'i besser beurteilen zu können. Stellen Sie sich Ihr Büro als so genannten Windkanal vor, wenn der Wind durch die Tür zur nächstbesten Öffnung, zum Beispiel zu einem Fenster oder einer anderen Tür, auf direktem Wege fließt. An Mauerecken, spitzen und scharfen Möbelkanten entstehen Luftverwirbelungen und unruhige Luftregionen.

Ganz anders verhält sich die Energie Ch'i, die langsam durch das Gebäude fließt und jeden Raum erkundet. Scharfe Ecken und Kanten verwandeln Ch'i zu negativer Energie Sha, die nicht nur Unruhe bereitet, sondern auch durch so genannte spitze Pfeile (innerhalb von einem Meter im Umkreis des Arbeitsplatzes) auf die Dauer Leistungsfähigkeit und Gesundheit beeinflussen können.

Intention sämtlicher Feng Shui-Maßnahmen im Büro sollte die gezielte Steigerung der Motivation und Kreativität mittels der energetischen Raumgestaltung sein. Dies wird durch die spezielle Anordnung aller Büroeinrichtungsgegenstände und unter anderem auch bei komplizier-

Checkliste: Büroraum-Check – Schaffen Sie sich Ihren dynamischen Arbeitsraum für Ihre Karriere.

Übernehmen Sie nicht die Sitzkonstellation und persönlichen Einrichtungsaccessoires Ihres Vorgängers/Ihrer Vorgängerin.	**o. k.**
Befindet sich Ihr Büroraum in einem für Sie günstigen Sektor des Gebäudekomplexes (nicht in der Nähe des Eingangs, der Toiletten, des Aufzugs oder am Ende eines Flurs)?	
Ist es ein energiereicher Raum (Hohes, ausgeglichenes Ch'i-Energieniveau, Tageslicht, Pflanzen und harmonische Atmosphäre hinsichtlich Formen, Farben und Maße)?	
Verfügt Ihr Büroraum über einen symmetrischen Grundriss? (Analysieren und neutralisieren Sie die Fehlraumbereiche anhand des Bagua.)	
Die gezielte Anordnung von Sitzposition, Schreibtisch und Möbeln entscheidet über Ihren persönlichen Erfolg und Ihr Ansehen im Unternehmen.	
Setzen Sie besondere harmonische Akzente für Ihr persönliches Element. Versuchen Sie auch die anderen Elemente ausgewogen zu integrieren.	
Überprüfen Sie Ihren Büroraum auf Störfaktoren und nachteilige Beeinflussungen.	
Bietet der Raum Ihnen einen so genannten Wohlfühlfaktor und gewisse Konzentrations- und Entfaltungsmöglichkeiten?	

Denken Sie immer daran: Auch Ihr Büroraum arbeitet entweder gegen Sie oder für Sie!

teren Raumaufteilungen mit Unterstützung von den so genannten Feng Shui-Hilfsmitteln erreicht. Ferner sollten Sie ungünstige Pflanzen und negativ beeinflussende Gegenstände und Materialien aus Ihrem Büroraum entfernen. Im Mittelpunkt all dieser Betrachtungen befindet sich immer der Sitzplatz (beziehungsweise die Schreibtischposition), der nicht in direkter Flucht zwischen Tür und Fenster platziert sein und immer eine Wand oder einen ähnlichen Schutz im Rücken aufweisen sollte. Drehen Sie nie der Tür den Rücken zu, denn instinktiv verbreitet dies Unruhe und Unsicherheit. Damit Sie immer den Überblick halten, positionieren Sie Ihren Sitzplatz so, dass Sie die Tür im Auge haben. Für optimale Konzentration und Dynamik sollten Sie gleichzeitig in Ihre beste oder zweitbeste persönliche Online-Impuls-Richtung schauen können.

Ein gesundes, funktionales Büroambiente fördert die Leistungsbereitschaft und gestaltet das Arbeiten menschlicher und angenehmer, schließlich sind die Mitarbeiter auch von ihrem privaten Ambiente gewissermaßen verwöhnt. Allzu häufig wird nicht angemessen berücksichtigt, dass der Mensch ein Lebewesen und keine Büromaschine ist. Versuchen Sie einfach Ihre instinktiven Erfahrungswerte mit den Feng Shui-Tipps zur Gestaltung zu kombinieren.

Ihr Pult – Ihre Kultstätte

Sitzen Sie richtig? Fühlen Sie sich wohl an Ihrem Schreibtisch und können Sie sich gut konzentrieren? Das Gesamterscheinungsbild des Schreibtischs ist ein Spiegelbild der Persönlichkeit und zeigt dem Betrachter gewisse Charaktereigenschaften, wie zum Beispiel Überblick, Organisationstalent, Kreativitätsmerkmale usw. Auch Ihr Schreibtisch unterliegt den gleichen Energieprinzipien wie Häuser oder Räume und trägt durch ein positives Energieumfeld wesentlich zu Ihrem persönlichen Erfolg bei. Deshalb sollten Sie auch bei der Konfiguration Ihres Schreibtischs nichts dem Zufall überlassen. Angefangen von der Material- und Formauswahl Ihres Schreibtisches nach den „Fünf Elementen“ über Stellplatz und Sitzposition, der Sitzrichtung bis hin zur Auswahl der persönlichen Accessoires und deren Platzierung sind verschiedene Feng Shui-Parameter zu berücksichtigen.

Sollten Sie das Büro von einem unglücklichen Vorgänger mit verschiedenen Accessoires übernommen haben, machen Sie Tabula rasa und positionieren den Schreibtisch nach Ihren persönlichen Feng Shui-Parametern völlig neu aus. Sie laufen sonst Gefahr, in die Spuren und Verhaltensmuster Ihres Vorgängers zu steigen. Im Übrigen sollten Ihr Schreibtisch und Stuhl fest stehen, Sie kennen sicher das Sprichwort mit dem wackligen Stuhl – da ist etwas Wahres dran.

Weit über 60 Prozent aller Schreibtische in Europa sind nach Feng Shui-Kriterien von der Form, dem Design, der Farbe, dem Material und den Maßen für die Schreibtischnutzer nachteilig. Schreibtisch-Fehlbereiche, vorne offen mit scharfen Kanten und angreifenden Spitzen, ungünstige Maßen und zu viele Glasplatten zieren den Büroalltag. Die gezielte Auswahl Ihres Schreibtischs und Ihres Zubehörs nach der Fünf-Elemente-Lehre fördert Ihre Inspiration und trägt zur Steigerung Ihres Potenzials bei.

Auch beim Schreibtisch wird das Bagua zur gezielten Energie-Strukturierung der Schreibtischfläche angewandt. Sollten Sie bei Winkelschreibtischen oder sonstigen Schreibtischformen Fehlbereiche feststellen, sollten diese gezielt im Raum harmonisiert werden. Dieses Schreibtisch- oder Desktop-Bagua verschafft Ihnen die natürliche Einteilung und Grundordnung der vorherrschenden Energiemuster auf Ihrem Schreibtisch für erfolgreiches Arbeiten. Kontrastarme oder kontrastreiche Schreibtischfarben wie Schwarz oder Weiß führen schneller zu Ermüdungserscheinungen, sodass Naturfarben – möglichst nach Ihrem persönlichen Element – der Vorzug eingeräumt werden sollte. Der Schreibtisch ist für Sie ein wichtiges Werkzeug und Ausdruck Ihrer persönlichen Leistung und Kreativität.

Für das Anlegen des Desktop-Bagua ist Ihr Sitzplatz die maßgebliche Ausgangsposition. Bei der Umsetzung sollten Sie Ihrer Phantasie freien Lauf lassen und verschiedene Varianten ausprobieren. Wenn das Telefon ein wichtiges Medium für Sie ist, platzieren Sie es entweder in der Reichtumsecke oder alternativ in der Ecke „Partner/Beziehungen“. Den Computer sollten Sie grundsätzlich unter dem Schreibtisch auf der linken Schreibtischseite aufstellen. Der Bildschirm wäre im Bereich „Ruhm/Ansehen“ sehr ungünstig platziert, da dieser Ihnen den freien Blick nach vorne für Ihre Zukunft und somit die Konzentration auf das Wesentliche versperren würde. Dieser Schreibtischbereich „Ruhm“, auch „Ming Tang“ genannt, soll möglichst frei bleiben, um Ihre Kreativität und Inspirationen zu motivieren. Immer häufiger werden in modernen Büros die Bildschirme in der Schreibtischplatte flach mit einem kleinen Anstellwinkel integriert. Wenn Sie häufig auf den Computerbildschirm schauen, stellen Sie neben dem Bildschirm Bilder oder Symbole Ihrer persönlichen Zielvorstellung, wie zum Beispiel Urlaubsziel, Traumhaus oder Auto, auf. Sie verlieren mit dieser Maßnahme Ihre persönlichen Wünsche und Zielvorstellungen nicht mehr aus dem Auge und fördern somit auch Ihre Motivation.

Die Desktop-Bagua-Bereiche mit ihrer Bedeutung im Einzelnen:

Wissen:
Computerstellplatz, Lexika und Ähnliches

Karriere:
Schreibtischunterlage

Mentoren/hilfreiche Freunde:
Bild von einer Mentorin beziehungsweise auch Ihres Bankmanagers

Familie/Gesundheit:
Familienbild, Mineralwasser-Glas

Tai-Chi:
Zentrum möglichst frei lassen und nicht zustellen

Kinder/neue Projekte:
Mappe mit Projekten

Reichtum/Wohlstand:
eine kleine Kristallschale, Glücksbringer wie zum Beispiel ein paar Münzen, frische Blumen, Telefon

Ruhm/Ansehen:
persönlicher Kugelschreiber, Erinnerungsfoto von erfolgreichen Erlebnissen, Auszeichnung/Urkunde

Partnerschaft/Ehe/Beziehungen:
Telefon
Foto von Ihrem Partner/Ihrer Familie/Ihren Kindern

Umgeben Sie sich möglichst mit Accessoires und Gegenständen, die von der Materialbeschaffenheit, Farbe und wenn möglich der Form Ihrem persönlichen Element entsprechen, wie zum Beispiel Kugelschreiber, Locher, Bilderrahmen, Schreibtischuhren, Lineal, Briefpapier bis hin zur Metall-Computermaus und dem Mouse-Pad. Diese Arbeitsumgebung fördert eine inspirierende Atmosphäre und Optimismus.

Im Gegensatz dazu sollten Unordnung, Berge von Papier, Zeitschriften und Akten, aber auch Staub auf dem Schreibtisch und Kabelsalat gemieden werden, denn diese Hindernisse bringen Unzufriedenheit, Stress, Kreativitätslosigkeit und auf die Dauer auch Pessimismus. Besonders der Kabelsalat im Umkreis von 1,50 Metern kann die Konzentrationsfähigkeit behindern. Durch eine vernünftige Verlegung der Kabel mit Kabelbrücken und Kabelabdeckungen lindern Sie den Einfluss des Elektrosmogs. Abfallkörbe sollten nicht auf Anhieb ersichtlich sein, sondern besser etwas versteckt und nicht im Südosten Ihres Büros aufgestellt werden.

Viele dieser Anschauungen sind nicht unbedingt neu und entsprechen eigentlich dem gesunden Menschenverstand. Einige Frauen organisieren sich schon intuitiv richtig. Auffallend ist allerdings, dass nur eine Minderheit im Management dieses Wissen bewusst und gezielt für ihren Erfolg einsetzt.

Der Desktop der Zukunft ist der Computerbildschirm. Auch auf dem Bildschirm gelten die gleichen Gesetzmäßigkeiten der Fünf-Elemente-Lehre und der Bagua-Einteilung. Ein Springbrunnen als Hintergrundbild oder eine kontrastreiche Hintergrundfarbe sollte der Konstitution Ihres persönlichen Elements entsprechen. Ein harmonisch wirkender, langsam eingestellter Bildschirmschoner wie beispielsweise ein Wasserfall, Aquarium oder Naturbilder sollten Ruhe und keine Hektik ausstrahlen.

Die richtige Positionierung des Schreibtischs hat immer Priorität vor der Ausrichtung nach der besten persönlichen Online-Impuls-Himmelsrichtung.

Räumliche Erfolgsfaktoren

Akzeptieren Sie die unsichtbaren Kräfte des Raumes und aktivieren Sie diese für sich und steigern damit Ihr Wohlbefinden, Ihre Leistungsfähigkeit und somit Ihren Erfolg.

Nehmen Sie einfach Tuchfühlung mit Ihrer persönlichen Arbeitsplatzumgebung auf. Nicht nur rein optisch, sondern versuchen Sie sich in die Energieflusssituation und in die Wirkungsmechanismen verschiedener Schwingungen Ihres Büros oder Arbeitsplatzes hineinzuversetzen.

Um Ihre persönlichen Schwingungssequenzen in Einklang mit dem Schwingungsumfeld des Arbeitsplatzes zu bringen, werden im Feng Shui verschiedene Verfahren angewandt, die sich entsprechend ergänzen.

- Analyse der Raumenergie
- Yin- und Yang-Harmonisierung
- Ausrichtung nach den „Fünf Elementen"

Analyse der Raumenergie:
Die energetische Struktur Ihres Büroraumes und die kontinuierliche Zuführung neuer Ch'i-Energie ist für Ihren persönlichen Erfolg ausschlaggebend. Ein optimales Energieniveau liegt zwischen 60 und 70 Prozent, um sich wohl zu fühlen und die persönliche „Batterie" aufladen zu können. Luftkläranlagen wie Blumen, Zimmerbrunnen oder sogar ein Ventilator neben vielen anderen typischen Feng Shui-Hilfsmitteln können eine deutliche Verbesserung der Raumenergie herbeiführen. Ch'i kommt zu knapp zwei Dritteln immer durch die Tür, nur ein kleiner Bruchteil an Ch'i und Sauerstoff kommt jeweils durchs Fenster. Die Tür sollte nicht durch irgendwelche Möbel oder Gegenstände zugestellt werden, damit das Ch'i ungehindert ins Büro fließen und unmittelbar die Arbeitsbedingungen und die Energiequalität steigern kann. Besonders Licht ist eine wichtige Energiequelle für das Lichtwesen „Mensch", die leider allzu häufig völlig unterschätzt wird. Denn Licht steuert das Wohlbefinden und ist für die Gesundheit und Leistungsfähigkeit des Men-

schen von elementarer Bedeutung. Licht ist allerdings nicht gleich Licht, weil hinsichtlich der Wirkungen auf den Menschen zwischen natürlichem und künstlichem Licht deutlich differenziert werden muss. Das Thema „Licht" ist eine Wissenschaft für sich und soll deshalb aufgrund seiner Komplexität an dieser Stelle nicht weiter vertieft werden. Das beste Licht ist und bleibt immer das natürliche Licht.

Die Prinzipien des harmonischen und optimalen Energieflusses in Unternehmen runden die hohe Kunst des Managements um eine weitere naturwissenschaftliche Variante in Zukunft ab.

Yin- oder Yang-Büro?

Jeder Raum erhält beim Feng Shui einen so genannten Charakter. Das Optimum für Räume ist eine harmonische Yin-Yang-Balance mit einem minimal verstärkten Yang-Anteil zur Aktivitätssteigerung. Es stellt sich jeweils die Frage: Wird ein Raum entweder von den typisch passiv-weiblichen Yin-Qualitäten oder von den Eigenschaften der aktiv-männlichen Yang-Qualitäten dominiert? Um dieser Frage nachzugehen, erweitern wir an dieser Stelle die auf Seite 26 ff. (Yin- und Yang-Balance) aufgeführten Yin- und Yang-Beispiele um einige weitere Eigenschaften, die Raumqualitäten nach Yin und Yang spezifizieren.

Yin-akzentuierte Räume identifizieren Sie an nachfolgenden Parametern:

- ☯ dunkle, eher passive Räume mit wenig Fensterfläche und kaum Tages- beziehungsweise auch Sonnenlicht, schlechte Luftqualität, da Fenster und Türen vorwiegend geschlossen sind
- ☯ fahle Farbtöne wie ein schwaches Weiß, Grau, Blau oder Braun beherrschen das Gesamtbild des Raumes, karg und nüchtern eingerichtet, ohne besondere Akzente

Yang-beherrschte Räume haben fast gegensätzliche Eigenschaften:

- ☯ kräftige, helle, aktive Räume mit viel Sonnenlicht, vielen Fenstern oder auch mehreren Türen, also eher ein unruhiger Raum

- eine bunte, farbenfreudige Gestaltung
- ein belebtes Umfeld, wie zum Beispiel eine stark belebte Geschäftsstraße
- ein lebhafter Raum auch mit vielen kleinen persönlichen Akzenten

Ein weiteres Merkmal zur Unterscheidung ist, dass Wände ohne Fenster und Türen immer Yin symbolisieren, hingegen Wände mit einer Tür- oder Fensteröffnung Yang.

Es gibt viele kleine Möglichkeiten, diese krassen räumlichen Gestaltungsgegensätze zu harmonisieren. Ob nun mit Farben, Licht, Blumen, Accessoires oder Feng Shui-Hilfsmitteln wie geeignete Wandbilder, Regenbogenkristalle, Klangspiele – der Phantasie werden kaum Grenzen gesetzt.

In den Yin-Räumen herrscht vornehmlich eine eher zurückhaltende Arbeitsleistung, hingegen in herrscht Yang-Räumlichkeiten eine gewisse Hektik und Unruhe, die nicht unbedingt nur vorteilhaft für den Geschäftsverlauf sein kann. Denn nicht selten wird über das Ziel hinausgeschossen. Versuchen Sie durch eine gezielte Raumgestaltung eine ausgewogene Balance mit leichtem Yang-Überhang zu erzielen.

Ausrichtung nach den „Fünf Elementen":
Auch Farben, Licht, Raumklima, Mobiliar und sonstige Einrichtungsgegenstände verfügen über ihre eigenen Schwingungsfelder und Wirkungsweisen auf den Menschen. Die richtigen Farb- und Gestaltungsmerkmale nach der Ausrichtung Ihres persönlichen Elements beruhigen Körper und Geist und beeinflussen und lenken Ihr Unterbewusstsein positiv. Besonders natürliche, ausgewogene Materialien, Farben und Einrichtungsgegenstände, die auf Ihre Person ausgerichtet sind, fördern Ihre persönliche emotionale Stimmung und dadurch wird Ihre Kreativität und Ihr Leistungspotenzial unmittelbar und nachhaltig gesteigert. Eine gezielte, positive Stimulanz bewirken auch ätherische, nicht synthetische Öle. In jedem Büro sollte mindestens eine mittel-

große Blume zur Harmonisierung des Raumklimas aufgestellt werden. Beachten Sie aber unbedingt, dass die Blumen keine spitzen, „angreifenden“ Blätter haben, sonst sollte ein Mindestabstand von 1,50 Metern zum jeweiligen Arbeitsplatz eingehalten werden. Besonders nachteilig wirken sich Kunststoffe und Plastik in Ihrer unmittelbaren Umgebung aus. Diese Materialien sollte möglichst gemieden werden, da sie den Energieaustausch blockieren.

Diese Aufzählung sollte zur Sensibilisierung beitragen und hat natürlich bei weitem keinen Anspruch auf Vollständigkeit. Generell sollten Sie diese und weitere subtilen Kräfte Ihres Büroraumes nicht unterschätzten. Letztendlich passen sich die Menschen dem Gebäude und dem Umfeld an – und nicht umgekehrt.

Energie-Vampire am Arbeitsplatz

Die Bundesanstalt für Arbeitsschutz registrierte 1998 in Deutschland 470 Millionen Krankheitstage. Diese Zahl spricht eine deutliche Sprache. Die Gesundheit am Arbeitsplatz ist für Unternehmen ein großer Kostenfaktor und somit ein Wettbewerbsfaktor auch im internationalen Vergleich, dem Sie – sowohl als Chefin als auch als Mitarbeiterin – besonders große Aufmerksamkeit schenken sollten. Kriterium Nummer eins am Arbeitsplatz sollte der Mensch sein!

Für viele Bürokräfte hat sich das moderne Büroleben als Krankmacher und Energieschlucker entwickelt. Manche Arbeitsplätze sind so menschenunwürdig eingerichtet, dass sich nicht mal Tiere darin wohl fühlen würden. Die Folgen der mangelnden Aufmerksamkeit für die Arbeitsplatzgestaltung sind Unkonzentriertheit, Antriebs- und Motivationsschwäche, Stimmungsschwankungen, Kopf- und Gliederschmerzen bis hin zu verschiedenen chronischen Krankheiten. Motivation hat nicht immer nur mit dem Gehalt zu tun!

Einige Störfaktoren und deren Abhilfen

- Sauerstoffarme, energielose Räume drosseln die Antriebskraft um bis zu 60 Prozent. Auch schlecht gelüftete Arbeitsräume mit trockener oder überhitzer Luft fördern häufig Konzentrationsschwierigkeiten. Denn der hohe Flüssigkeitsverlust durch trockene Büroluft schwächt den Organismus und macht den Körper anfälliger für Infektionen. Auch Ozon aus Kopierern und Laserdruckern beeinträchtigt einige Menschen.
  Abhilfe: Mindestens morgens und abends lüften oder den ganzen Tag das Fenster geöffnet halten. Das fördert nicht nur den Sauerstoffgehalt im Raum, sondern auch 15 Prozent Ch'i-Energie. Wenn dies nicht möglich ist, installieren Sie an den richtigen Stellen einen Brunnen. Wasser zieht Sauerstoff an und verbessert das Raumklima.

- Schlechte Beleuchtung wirkt sich negativ auf die Psyche aus, außerdem ist Ch'i immer dort, wo gute Lichtverhältnisse sind. Halogenlicht ist allerdings nicht positiv. Jeder kennt die so genannte Winterdepression, die viele Menschen schwer beeinträchtigt und auf mangelndes Licht zurückzuführen ist.
  Abhilfe: Das beste Licht ist das natürliche Tageslicht. Gleich danach in der Lichtqualität kommen die normalen Glühbirnen.

- Alle Geräte, die Elektrosmog verursachen, beeinflussen unsere biologischen Vorgänge im Körper. Computer strahlen bis zu drei Meter, Kabel und Steckdosen zirka 1,50 Meter.
  Abhilfe: Legen Sie vor Ihren Computerbildschirm einen großen reinen Bergkristall. Bergkristall absorbiert Strahlen. Das Gleiche gilt für Kopierer, Laserdrucker, Handys, Lampen und sonstige elektrische Geräte: mindestens einen Abstand von 1,50 Meter einhalten.

- Lassen Sie Ihren Arbeitsplatz auf geomantische Störfelder wie Wasseradern, Verwerfungen und gegebenenfalls auch auf sonstige baubiologische Belastungen wie Schimmelpilze und sonstige Chemikalien prüfen.

- Entstören Sie scharfe Kanten und frei stehende Balken, die Sie an Ihrem Schreibtisch unmittelbar angreifen durch Eckenabrundungsleisten (so genannte „Harmonie-Corner“)

- Entrümpeln Sie ordentlich! Räumen Sie auf und werfen Sie weg. Trennen Sie sich von Dingen, die Sie nicht mehr benötigen. Entrümpeln Sie die so genannten Bunkerecken im Betrieb, wo sich nutzlose Akten und Gegenstände befinden, die längst entsorgt werden müssten. Jede unaufgeräumte Ecke bedeutet Sha = negative Energie!

- Prüfen Sie Tür und Fenstermaße mithilfe eines Feng Shui-Maßbandes.

- Offene Regale und Schränke sammeln schlechte Energie. Wenn Sie keine guten Feng Shui-Abmessungen haben, dann zumindest aufgeräumt halten.

- Kleinere Defekte wie kaputte Geräte und quietschende Türen sind ebenfalls ein schlechtes Feng Shui.

- Die Reinigungskräfte in Ihrer Firma sollten lieber einmal zu viel als einmal zu wenig kommen, denn Staub bindet Sha. Die Energie kann auf einer Staubschicht nicht fließen. Jeder kennt das Gefühl, dass man sich wieder wohler fühlt, wenn das Büro gerade frisch geputzt wurde.

- Jeder Mitarbeiter sollte in seinem Büro die sein persönliches Element fördernden Farben und Materialien haben.

- Auch Klimaanlagen führen bei den Mitarbeitern leicht zu Befindlichkeitsstörungen. Am besten ausschalten oder regelmäßig warten, damit keine Luftverunreinigungen durch Pilzsporen oder Bakterien entstehen.

Klarheit und Sauberkeit ist das halbe Geschäft

Chaos kostet Zeit und Geld. Tatsächlich kostet Unordnung im Schnitt ein Jahr unseres Lebens, weil Sie viel Zeit aufwenden, Dinge zu suchen. Das Büro einer nach Feng Shui arbeitenden Managerin erkennen Sie sofort an folgenden Kriterien: harmonisches Ambiente mit Wohlfühlfaktor, Klarheit, Ordnung, Sauberkeit, freier Schreibtisch.

„Weniger ist mehr", lautet die Devise. Ein Frühjahrsputz erleichtert nicht nur ungemein, sondern gibt Ihnen positives Ch'i und somit die Kraft und Konzentration für Ihre wesentlichen Aufgaben.

Kämpfen Sie gegen alte, nicht mehr benötigte Dinge, Dreck und Staub. Werfen Sie Ballast über Bord.

Ordnung sollte auch nicht vor dem Desktop des Computers Halt machen. Alte Dateien binden Teile Ihrer kreativen Kräfte. Bitte löschen oder auslagern, denn weniger ist mehr, Sie haben somit mehr Energie und Freiraum für die wirklich wichtigen Dinge.

Organisation und Routinevorgänge werden zunehmend durch EDV-Automation, wie zum Beispiel Workflow-Systeme, ersetzt und erleichtern somit viele Arbeitsvorgänge. Denn auch wissenschaftliche Untersuchungen haben gezeigt, dass der kaufmännische Mitarbeiter durchschnittlich bis zu 30 Prozent seines Arbeitsalltags für die Suche nach Dokumenten beziehungsweise Informationen sowie Abheftung und Archivierungsarbeiten aufwendet.

Versuchen Sie Ihr Büro weder mit Einrichtungsgegenständen noch mit Accessoires zu überladen, denn dies bedeutet Sha. Auch kleine Reparaturen, wie zum Beispiel das Ölen quietschender Türen oder das Beseitigen sonstiger kleiner Defekte, sollten Sie nicht aufschieben, sondern unverzüglich in Angriff nehmen, damit der Energiefluss nicht ins Stocken gerät und zu Sha wird.

Kleine subtile Akzente – große Wirkungen

„Wie das Erscheinungsbild deines Büros und deines Schreibtisches, so ist auch dein Charakter." Nicht selten urteilen auch Kollegen, Mitarbeiter, aber auch Kunden beziehungsweise Besucher nach diesem ersten Eindruck über den jeweiligen Menschen. Aus dem Gesamterscheinungsbild eines einzelnen Büros oder Schreibtisches kann man seine Schlüsse ziehen: Türme von Ordnern und Listen, chaotische Zustände auf dem Schreibtisch und womöglich Altkleidersammlungen, im wahrsten Sinne des Wortes, im Büro nehmen diesen Menschen die letzte Energie für die ihnen aufgetragenen Aufgaben. Sie sind völlig überfordert und die Aufnahmefähigkeit für weitere Projekte ist in solchen Fällen auch nicht mehr gegeben. Im Gegensatz dazu rüsten sich gut organisierte Frauen aufnahmefähig und empfangsbereit für weitere Herausforderungen. Diese Beispiele unterstreichen einmal mehr die Tatsache, dass sich innere Gemütszustände auf äußere Bedingungen im unmittelbaren Umfeld des Menschen übertragen und umgekehrt. Das Äußere spiegelt das Innere unbewusst wider. Das Unterbewusstsein lässt sich aber auch vom äußeren Umfeld entweder positiv oder negativ beeinflussen. Das Umfeld prägt also auf die Dauer den Menschen und auch seine Entwicklungschancen und Perspektiven.

Kapitel 9

Business-Feng Shui

Dieses Kapitel ist speziell für die Frauen gedacht, die eine eigene Firma haben – das kann ein kleines Ladengeschäft sein, aber auch ein international operierendes Unternehmen. Für Erfolg gelten die gleichen Grundsätze, unabhängig von der Größe und dem Umsatz des Unternehmens.

Feng Shui optimiert gezielt und nachhaltig jedes Unternehmen. Und das nicht nur in Bezug auf architektonische Gestaltung und gezielte beziehungsweise bewusste Einrichtung von Büro- und Geschäftsgebäuden, sondern auch allgemein in Bezug auf Personal, Organisation und Marketing. Natürlich zieht sich auch in diesem Kapitel die Thematik der „Ch'i-Energie“ und deren Energetisierung beziehungsweise Harmonisierung wie ein roter Faden durch die kommenden Kapitel, allerdings von jeweils sehr unterschiedlichen Betrachtungsebenen aus gesehen.

Im diesem Kapitel lernen Sie einige Möglichkeiten kennen, wie Sie Ihr Geschäft ohne große Aufwendungen gezielt für die ständig wachsenden Anforderungen des Marktes mobilisieren.

Die richtige Energiepolitik für den Unternehmenserfolg

Mit den klassischen Marketing-, Vertriebs- und Organisationsinstrumenten wird es immer schwieriger, neue Marktanteile zu gewinnen. Eine der entscheidenden Fragen für jede Geschäftsfrau in diesem zunehmend internationalisierten, schnelllebigen, digitalen neuen Zeitalter wird sein: Wie trimme ich mich und meine Firma auf Höchstleistungsniveau und mehr Effizienz?

Schnelligkeit, gezielter Energieeinsatz und Konzentration auf das absolut Wesentliche sind typisch asiatische Attribute. Im asiatischen und zunehmend auch im amerikanischen Wirtschaftsraum wird Feng Shui verstärkt kommerziell genutzt, um von innen nach außen das gesamte Schwingungsfeld des Unternehmens in Einklang zu bringen und somit optimale Voraussetzungen zu schaffen.

Die wesentlichen Etappen für Erfolg lauten:

E nergie
R affinesse
F eng Shui
O rganisation
L eistung
G eld

Unnötiger mentaler Ballast, Energie-, Kommunikations-, Motivations- und auch Kundenblockaden werden durch Feng Shui sehr schnell ermittelt, harmonisiert und über Bord geworfen.
Schnelligkeit und Geschicklichkeit durch kleine, hoch dynamische Teams geben den Trend vor. Der Abbau weiterer statischer Hierarchien und Führungsebenen wird sich durch den hohen internationalen Wettbewerbsdruck nicht vermeiden lassen.

Unternehmenskorpus	Unternehmensseele	Unternehmensgeist
Gebäude	Mitarbeiter	Ziele
Arbeitsplatzausstattung	Kunden	Leitsätze
Arbeitsplatzumfeld	Motivation	Strategien
Energieniveau	Harmonie	Erzeugnisse, Produkte

Dass das harmonische und reibungslose Zusammenspiel der in dieser Tabelle aufgeführten Faktoren Erfolgsparameter identifiziert, ist nicht unbedingt neu. Besonders hervorzuheben sind einerseits die Berücksichtigung der Gebäude- und Arbeitsplatzparameter und andererseits die energetischen und schwingungswirksamen Verknüpfungen sämtlicher in der Tabelle aufgeführten Parameter untereinander.

Die Erweiterung des Bewusstseins im Management um den entscheidenden Faktor „Chi-Energie" zur Schaffung von inspirierenden und energetisch optimalen Arbeitsplätzen ist der erste Schritt zu mehr Harmonie im Unternehmen und sichtbaren Verbesserungen der Betriebsergebnisse.

Vielen Unternehmen ist durch jahrelange Routine und zwangsläufig auch durch eine gewisse Betriebsblindheit gar nicht bewusst, welche eigenen positiven Ressourcen unbewusst blockiert werden oder brachliegen.

Die Digitalisierung und die Vernetzung der weltweiten Märkte zwingen zur Konzentration auf das Wesentliche, die eigentlichen Kernkompetenzen des Unternehmens. Dadurch können alle frei werdenden Energien auf den Kunden und somit das eigentliche Geschäft konzentriert werden. Outsourcing von Leistungen, die von anderen Spezialisten besser und günstiger erledigt werden, gehört in Zukunft zum Standard. Firmen, die nicht optimal organisiert sind und mehr mit sich selbst als mit ihren Kunden beziehungsweise dem Markt zu tun haben, können verständlicherweise nur mäßige Ergebnisse erzielen. Obwohl diese Tatsachen bestens bekannt sind, trennen sich viele Firmen weder von unprofitablen Produkt- und Arbeitsbereichen, noch konzentrieren sie sich auf ihr eigentliches Marktgeschehen.

Hoch motiviertes Personal fühlt sich nur in einem positiven, harmonischen Betriebsklima wohl. Eine Frage, die zukünftig immer kritischer auf der Geschäftsleitungsebene gestellt werden sollte: Was unternimmt Ihr Unternehmen für das Wohlfühlen und Wohlbefinden Ihrer Mitarbeiter?

Kriterium „Feng Shui" im Unternehmen

Verfügt Ihr Unternehmen über ein gutes oder schlechtes Feng Shui? Diese Kernfrage entwickelt sich für viele Unternehmen immer mehr zum entscheidenden Kriterium. Mit einem schlechten Company-Feng Shui kommt ein Unternehmen nicht recht vom Fleck. In vielen Fällen hat der Konkursverwalter das letzte Wort. Mangels Energie! Selbst wenn Sie Stunden rund um die Uhr arbeiten und das Letzte geben, gegen die Gesetzmäßigkeiten der Natur bleiben Sie immer Verliererin.

Durchschnittlich 19 Stunden am Tag werden wir Menschen von Architektur umgeben und dadurch auch von unserer natürlichen Außenwelt „isoliert". Dass diese Tatsache maßgeblich den Menschen, seine persönliche Energiebilanz und sein Leistungspotenzial prägt, erscheint logisch. 85 Prozent aller Unternehmensprobleme sind im wahrsten Sinne des Wortes „hausgemacht"! Firmengebäude mit bis zu 290 Fehlern beziehungsweise Schwachstellen sind für Feng Shui-Berater keine Seltenheit.

Das zentrale Verwaltungsgebäude, Stockwerk oder Büro, in dem die Geschäftsleitung sitzt, stellt den Kopf des Unternehmens dar. Hier werden alle wesentlichen Strategien, Ideen und Entscheidungen für den wirtschaftlichen Erfolg vorbereitet und getroffen. Auch dieses Gebäude verfügt über eine natürliche Innen- und Außendynamik, die entweder für ein positives oder negatives Geschäftsklima sorgt. Herrschen in diesem Gebäude negative Energieströme (Sha), wirken diese negativ auf die Geschäftspolitik, das Betriebsklima und auf den wirtschaftlichen Erfolg. Wenn keine optimalen Rahmenbedingungen dem Management und den Mitarbeitern zur Verfügung stehen, erreicht das Unternehmen ein Erfolgspotenzial von maximal 60 Prozent. Diese 60 Prozent reichen nicht aus.

Ein Beispiel: Ein junges, kontinuierlich wachsendes, erfolgreiches Unternehmen kam nicht umhin, zur Erweiterung der Produktions- und Lagerkapazitäten ein anderes Gebäude zu beziehen. Seit dem Umzug stagnierte zunächst das Wachstum, das sonst so positive Betriebsklima wurde immer rauer, der Erfolgdruck auf das Management stieg an, erste Stammkunden kündigten. Weder das Management noch die Produktpalette wurde verändert. Und das Blatt wendete sich für das sonst so florierende Unternehmen innerhalb eines guten Jahres. Was war geschehen?

Das Management kaufte in einem benachbarten Ort das Betriebsgebäude aus einer so genannten Konkursmasse und zog in der Hoffnung, einen guten Deal gemacht zu haben, voller Erwartung in das Gebäude ein. Nach Feng Shui-Kriterien verfügte dieses Gebäude über eklatante Fehlbereiche, ein negatives Umfeld, kurzum: ein ganz negatives Feng Shui. Interessanterweise erlitten Vorgängerunternehmen in diesem Gebäude ebenfalls Schiffbruch.

Der Erfolg eines Unternehmens ist wesentlich von der Umgebung und dem Umfeld des Unternehmenssitzes, der Gebäudestruktur, der Ein- und Ausrichtung auf den Chef/die Chefin, das Tätigkeitsfeld und seinen Mitarbeitern abhängig. Deshalb werden zum Beispiel in Hongkong grundsätzlich vor Planung, Kauf oder Miete eines Firmengebäudes Feng Shui-Consulter zurate gezogen, die dem Interessenten eine Kaufempfehlung aussprechen oder davon abraten. Neben asiatischen und mittlerweile auch amerikanischen Konzernen nutzen immer häufiger auch europäische Konzerne Feng Shui-Consulter bei der Wahl und Planung neuer Standorte. Feng Shui-Consulter analysieren die Unternehmen nach einer für europäische Verhältnisse eher ungewöhnlichen Vorgehensweise. Ohne Bilanzen oder kaufmännische Eckdaten des zu untersuchenden Unternehmens gesehen zu haben, bilanzieren sie innerhalb weniger Stunden die Ist-Konstitution und wirtschaftlichen Zusammenhänge des Unternehmens in ganzheitlicher, aussagekräftiger und visionärer Weise. Ähnlich wie in der Traditionellen Chinesischen Medizin werden nicht die Symptome, sondern die wahren Ursachen für die Unternehmensblockaden ermittelt und gelöst. Unschlagbar, treffsicher und effizient bis ins Detail.

Unternehmen, die im harmonischen Einklang mit ihren natürlichen Kräften und Fähigkeiten ihres Umfelds wirken, zeichnen sich durch besondere Innovationen, Effizienz, harmonisches Betriebs- und Kundenklima, Leistungsstärke sowie steigende Profite aus. Nur mit hundertprozentiger Motivation und Leistung können die Unternehmen im globalen Wettbewerb ihre Unternehmensziele erreichen. Um Missverständnissen vorzubeugen – das bedeutet nicht Arbeiten bis zum Umfallen. Nein, ganz im Gegenteil: Das Wichtigste und Richtige zum optimalen Zeitpunkt in einem energievollem Umfeld erledigt, zeichnet Feng Shui-Unternehmen besonders aus.

Öffnen Sie durch Feng Shui Ihre Augen und Sinne für die Gebäude- und Raumstrukturen, die Innenarchitektur, Arbeits- und Produktionsplätze. Versuchen Sie die natürlichen Einflüsse und Krafteinwirkungen, das so genannte Eigenleben Ihres Firmengebäudes samt Umfeld, zu ergründen, zu akzeptieren und positiv für Ihren Unternehmensfortschritt zu nutzen. Es wird höchste Zeit, Ihr Firmengebäude als so genannten „unsichtbaren Mitarbeiter" für Ihr Unternehmen zu aktivieren. Unternehmen, die diese Ressourcen durch Feng Shui kennen gelernt und zwischenzeitlich aktiviert haben, sind überzeugt und begeistert.

Vorteile durch Feng Shui für das Management

- Verbesserte Umsätze und höhere Gewinne
- Nachhaltige Effizienz- und Motivationssteigerungen in allen Unternehmensbereichen
- Positiveres, harmonisches Unternehmensklima und Image nach innen/außen
- Insgesamt wirkungsvolleres Management mit besserer Teamarbeit und Rückgang von internen Konflikten
- Ideale Voraussetzungen für die Entwicklung besserer Strategien und Produkte
- Geringere Fehlzeiten und Personalkosten
- Bessere Anziehungskraft und Bindung von Kunden, aber auch Topmitarbeitern
- Deutliche Steigerung der Kreativität; insgesamt mehr Fortune

In den folgenden Abschnitten werde ich versuchen, Ihren Feng Shui-Fokus für einige wichtige Unternehmensbereiche zu sensibilisieren. Akzeptieren Sie das energetische Eigenleben Ihres Firmengebäudes und betrachten Sie es als so genannten „lebenden Organismus“.

Landschafts-Feng Shui des Unternehmens

Auf jedem Kontinent und in jeder Region existieren individuelle Landschaftsformen und geografische Prägungen, die durch ihre individuellen Schwingungen auf das Naturell der Menschen und deren Häuserstil, Sprache, Lebens- und Nahrungsgewohnheiten einwirken.

Der ideale Standort Ihres Unternehmens sollte sich nicht nur an den Grundstückspreisen oder der Ladenmiete orientieren. Auch ein harmonisches Umfeld trägt entscheidend zum Geschäftserfolg bei. Deshalb sollten Sie eine detaillierte Landschafts- beziehungsweise Umfeldbewertung im Vorfeld vornehmen. Städte wie London und München haben nicht rein zufällig eine fast magnetische Anziehungskraft auf viele Menschen, sondern sie besitzen in Europa mit das beste Feng Shui.

Eine ideale Umgebung und ein harmonisches Umfeld Ihres Geschäftsstandorts stellt eine der Grundvoraussetzungen für optimale Geschäftsresultate dar. Denn die positive Energie Ch'i kommt immer von außen über Ihr Grundstück zum Haupteingang nach innen in das Bürogebäude.

Beobachten Sie die äußere Umgebung Ihres Geschäftsstandorts in aller Ruhe und überlegen Sie, zu welchem Element die Umgebungslandschaft klassifiziert werden kann. Ordnen Sie auch Ihre Gebäudemerkmale dem entsprechenden Element zu und setzen diese Elemente in Beziehung zu dem Element, dem Sie und Ihr Unternehmen entsprechen. Befindet sich Ihr Unternehmen mit dem Umfeld in Harmonie?

Nachbargebäude, die Ihr Firmengebäude förmlich erdrücken, beziehungsweise Gebäudeecken oder Giebelspitzen, die auf Ihr Gebäude gerichtet sind, beeinträchtigen Ihren Energiefluss. Ähnlichen schlechten Einfluss üben Kläranlagen, Friedhöfe, Deponien, Schlachthäuser, Gefängnisse, Krankenhäuser, Trafostationen, Stromleitungen aus. Lange, gerade und schnelle Straßen, Sackgassen oder Bahngleise erzeugen Unruhe und Sha.

Ideal sind möglichst symmetrische Grundstücke, die entweder eine quadratische oder eine rechteckige Struktur aufweisen und somit Stabilität nach dem Erde-Element symbolisieren. Die Vorderseite (Phönix) des Grundstücks repräsentiert die Gegenwart und sollte möglichst einen freien Platz mit Blick zur Südseite aufweisen. Die Rückseite (Schildkröte) hingegen stellt die Zukunft dar, die unbedingt eine Rückendeckung entweder durch einen kleinen Wall, Hügel, Bäume oder durch ein angrenzendes Gebäude eines Nachbarn zur Sicherung des Wohlstands haben sollte. Sie bietet dem Unternehmen gute Unterstützung zum Beispiel durch Lieferanten, Banken und Kunden.

Checkliste: Einige Kriterien für eine günstige Standortperipherie

Auch das Umfeld prägt die Unternehmensentwicklung	**o. k.**
Befindet sich Ihr Unternehmen in Harmonie mit Ihrem Umfeld, wie unter anderem Gegend, Lage, Nachbarn, Gewässer, Verkehrswege beziehungsweise Energiebahnen, Elemente etc.?	
Verfügt Ihr Firmensitz über optimale Lehnstuhlposition? ☯ Landschafts-Feng Shui nach den Prinzipien der „Fünf-Elemente-Symbolik	
Haben Sie eine positive Grundstücksform und gute Bodenenergie? ☯ möglichst quadratisch, rechteckig (symmetrisch) ☯ keine geopathischen Störfelder oder sonstige elektromagnetische Strahlungseinflüsse, Altlasten etc.	
Welche Einflüsse können Nachbargebäude auf Ihren Firmensitz nehmen, wie Gebäudeformen (Elemente), Gebäudeanordnungen (unter anderem giftige Pfeile), Gebäudehöhe etc.?	
Ungünstige Einflüsse in der Umgebung, wie zum Beispiel Friedhöfe, Krankenhäuser, Schlachthöfe, Kläranlagen und Deponien, Militäranlagen, Atomkraftwerke und Chemiefabriken, Starkstromleitungen beziehungsweise Senderstationen etc.?	
Lassen Sie Baugrundstücke möglichst im Vorfeld nach Feng Shui-Kriterien prüfen!	

Bewegtes Wasser, wenn es nicht zu schnell fließt, symbolisiert Wohlstand. Ein Teich oder ein schnell vorbeifließender Fluss sollten zum Gebäude einen Abstand von mindestens 70 Metern haben.

Da nicht jeder Geschäftsstandort von vornherein optimale Feng Shui-Bedingungen vorweist, kann an jedem Standort durch gezielte, meist kleinere Maßnahmen das Ch'i in eine positive Balance gebracht werden.

Unternehmenschancen anhand der Bagua-Analyse

Schon die äußere Grundstücks- und Verwaltungsgebäudeform und beim näheren Hinsehen die detailliertere Raumanordnung eines Gebäudes bietet, mit dem Bagua analysiert, erste Hinweise über mögliche Potenziale oder auch Mangelerscheinungen des Unternehmens. Keines der Feng Shui-Instrumente findet bei einer Feng Shui-Analyse isoliert Anwendung, sondern nur durch eine ganzheitliche und umfangreiche Untersuchung erhalten Sie konkrete Bewertungsaussagen (siehe Bagua).

Im Laufe der Zeit entwickeln Sie einen so genannten „Bagua-Kontrollblick“ für Gebäude, Etage, Raumanordnung, Raum und Schreibtisch. Sie erhalten ein gewisses Feeling für die tiefere Charakteristik und Psychologie vieler personeller und wirtschaftlicher Zusammenhänge.

Feuer-Element-Strukturen

Erde-Element-Strukturen

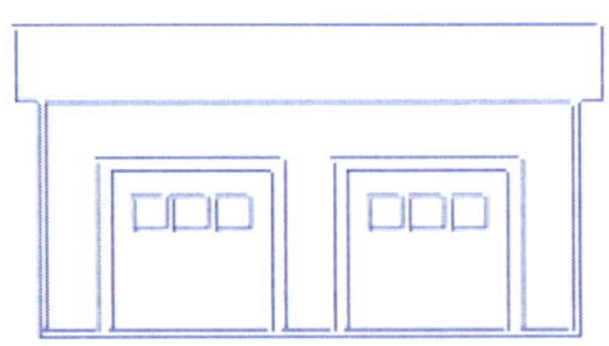

Metall-Element-Strukturen

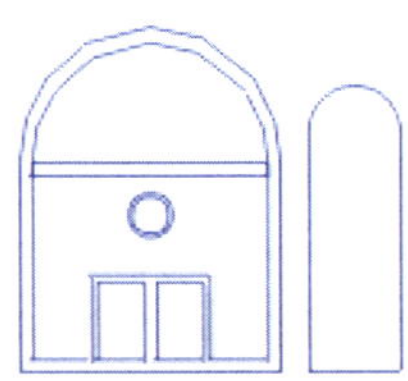

Der richtige Energiefluss im Unternehmen

Vergleichen Sie Ihr Firmengebäude, gegebenenfalls auch den Gebäudekomplex, mit den Strukturen eines menschlichen Körpers, der kontinuierlich genährt, gepflegt und fit gehalten werden sollte. Der allgemeine Gebäudezustand reflektiert das Bewusstsein des Managements und des einzelnen Mitarbeiters. Die Dynamik des Gebäudes und der einzelnen Räume prägt die Vitalität und Leistungsfähigkeit der dort arbeitenden Menschen.

Stärke und Kraft kommen auch beim Menschen mental von innen. Das Hauptkapital dynamischer Unternehmen sind hoch motivierte Mitarbeiter, die in Synergie mit den Unternehmensleitlinien und dem erforderlichen harmonischen Betriebsklima „Berge versetzen können", Unternehmen mit schlechtem Betriebsklima haben mehr mit sich selbst zu tun als mit dem eigentlichen Marktgeschehen.

Es ist die Summe der vielen kleinen Dinge, die das positive Betriebsklima eines Unternehmens ausmachen. Fast 80 Prozent aller Geschäftsprobleme werden durch ein schlechtes Feng Shui verursacht.

Wie sehen die energetischen Strukturen um und in Ihrem Verwaltungsgebäude aus? Kann Ihr Gebäude überhaupt reichlich Ch'i bekommen oder wird es, zum Beispiel in der Innenstadt, durch benachbarte Gebäude erdrückt? Und wenn Ch'i Ihren Haupteingang erreicht, kann das Ch'i ungehindert ins Gebäude und innerhalb des Gebäudes optimal fließen? Erreicht das Ch'i, wenn es durch den Haupteingang fließt, alle Bereiche des Unternehmens durch verschiedene Innengänge, die häufig als Venen bezeichnet werden? Anhand eines Grundrisses können Sie sich informieren, in welchen abgelegenen Räumen kaum Energie ankommen kann. In mehrgeschossigen Hochhäusern nimmt das Energievolumen pro Stockwerk um zirka zehn Prozent ab. Wenn die Geschäftsleitung beispielsweise im fünften Stock residiert, hat dieses Stockwerk eine Energiestruktur von zirka 30 Prozent. Also eine denkbar ungünstige Positionierung, es sei denn, über gezielte Feng Shui-Maßnahmen wird das Energieniveau auf 60 bis 70 Prozent gesteigert.

Ch'i sollte möglichst ausgewogen im ganzen Haus fließen können. Um das zu erreichen, ist es besonders vorteilhaft, freie Gang- und Raumstrukturen mit natürlichem Tageslicht zu gestalten. Beachten Sie dabei unbedingt, dass lange, gerade Innengänge, die so genannten „Energie-Autobahnen", mit verschiedenen Feng Shui-Hilfsmitteln gezielt harmonisiert werden sollten. Denn diese Innengänge tragen wesentlich zur Energieoptimierung bei.

Die im Vorfeld erläuterten Kriterien für eine Yin- und Yang-Balance helfen bei der harmonischen und energieorientierten Gestaltung des Gebäudes.

Jedes Gebäude verfügt im Feng Shui über ein Herz. Zur Identifikation des Herzstücks eines Gebäudes nehmen Sie den Grundrissplan und zeichnen die jeweiligen Diagonalen der vier Gebäudeecken in den Plan ein. Diese diagonale Schnittstelle repräsentiert das Herz eines Gebäudes.

Dieser Mittelpunkt des Firmengebäudes gehört der Schlange, die symbolisch die beiden Gehirnhälften darstellt und diese verbindet. Dieser Mittelpunkt sollte möglichst nicht verbaut oder zugestellt sein, sondern frei gehalten und als so genanntes Unternehmenszentrum geachtet werden.

Die Chinesen sagen: „Die Mitte eines Hauses gebührt dem Drachen" und ferner „Wer die Ruhe des Drachen stört, zieht Unheil auf sich".

Vergleichen Sie das System des Energieflusses eines Gebäudes mit den Blutbahnen des menschlichen Körpers. Nur wenn das Herz Sauerstoff erhält, kann es arbeiten und den Organismus über die Venen mit Sauerstoff versorgen. Ziel sämtlicher Feng Shui-Maßnahmen ist die Steigerung des Energieniveaus auf mindestens 70 Prozent. Mit der gezielten Platzierung von gesunden Blumen (plus 200 Prozent Energie) oder zwei Ventilatoren beziehungsweise einer speziellen Brunnensäule im Empfangsbereich des Gebäudes, um nur einige Beispiele aufzuzählen, können Sie den Energiefluss im Gebäude steigern.

Das Feng Shui hält eine Vielzahl an „Gebäudeakupunktur-Maßnahmen" zur Beseitigung von Energieblockaden und zur Verbesserung der Energiesituation bereit. Unwissenheit, Gewohnheiten oder Betriebsblindheit lassen viele Menschen nicht erahnen, warum sie sich im Unternehmen unwohl fühlen, gestresst oder häufig gereizt arbeiten beziehungsweise abends völlig erschöpft nach Hause kommen.

Haupteingang des Unternehmens als Schlüsselfaktor

Der Haupteingang eines Unternehmens ist die Energieschleuse und Tor zur Welt. Dieser „Mund", wie er im Feng Shui genannt wird, und sein unmittelbares inneres und äußeres Umfeld regulieren entscheidend den so wichtigen Ch'i-Fluss für alle dort arbeitenden Mitarbeiter. An der Gesamtcharakteristik eines Haupteingangs kann man das Chancenpotenzial und die Gesamtverfassung eines Unternehmens erkennen. Je größer, offener und harmonischer der Eingang und das unmittelbare Eingangsumfeld gestaltet sind, desto größer sind der Energie-, Kunden- und Geldfluss eines Unternehmens. Alles innerhalb von mindestens sechs Metern vor dem Haupteingang, das den Energiefluss in irgendeiner Form behindern könnte, wie zum Beispiel große Bäume, mittig platzierte Säulen vor der Eingangstür, Verkehrsschilder, ein Parkplatz, große Steine und Ähnliches, sollte unbedingt anderweitig positioniert werden. Wenn Hindernisse vor dem Eingang aus irgendwelchen Gründen nicht anderweitig platziert werden können, gibt es im Feng Shui eine Reihe von anderen Möglichkeiten, diese zu entschärfen.

Um den Energiefluss zu erhöhen, können möglichst bewegliche Hilfsmittel wie ein Springbrunnen oder Fahnen in unmittelbarer Nähe des Eingangsbereichs aufgestellt werden. Eine schöne Skulptur, eine positive Beleuchtung oder sonstige harmonische Objekte zeigen in der Regel ebenfalls positive Wirkung.

Die Lage und Richtung des Haupteingangs ist deshalb auch Ausgangspunkt für einige Feng Shui-spezifische Berechnungen. Im Vorfeld solcher Berechungen wird bei mehreren Türen definiert, welche die wichtigste und frequentierteste Haupteingangstür ist. Die maßgebliche Himmelsrichtung ist Ihre Blickrichtung, wenn Sie von der Haupteingangstür nach draußen schauen.

Die optimale Haupteingangstür-Richtung wird immer nach Ihrem Element (Sie sind die Chefin) festgelegt. Bitte schauen Sie in die nachfolgende Tabelle.

Elemente-Zuordnung zu den Himmelsrichtungen

Elemente	Holz	Feuer	Wasser	Metall	Erde
Himmelsrichtungen	Ost	Süd	Nord	West	Mitte, NO, SW

Darüber hinaus wird die Bagua-Analyse immer durch Anlegen des Bagua-Rasters an der Grundlinie des Haupteingangs vorgenommen. Ferner können nach den speziellen Energiestrukturen der Acht-Trigramm-Himmelsrichtungen besonders vorteilhafte Richtungen der Haupteingangstür bestimmten Branchen zugeordnet werden.

Vorteilhafte Ch'i-Qualitäten für die Haupteingangstür einiger Unternehmen

Blickrichtungen (von der Tür)	Unternehmen	Material der Eingangstür
Norden beziehungsweise Osten	junge Unternehmen, Arztpraxen, Handel, Kanzleien, Krankenhäuser, Speditionen	Osten = Holz
Südosten	Gastronomie, Kommunikation, Nahrungsmittelbranche	Südosten = Holz
Nordwesten	Banken, Versicherungen, Planungs- und Beratungsunternehmen, etablierte Marktführer	Nordwesten = Metall

Chefin – die psychologische Führungsposition im Unternehmen

Im Chefbüro laufen die Fäden zusammen. Die Chefin mit ihrem Büro repräsentiert das Gehirn des Unternehmens.

Die beste Lage, ein Platz mit hoher Energie, die Gestaltung des Büros sowie die optimale Sitzposition entscheiden maßgeblich über die Effizienz und den Erfolg des Unternehmens. Auch bei Ihrem Büro gelten die üblichen Feng Shui-Regeln, allerdings mit einigen Ergänzungen, die in diesem Abschnitt erläutert werden. Das Büro der Chefin liegt am günstigsten im Nordwesten des Bürogebäudes, weil in diesem Bereich die aktiven, schöpferischen Energien auf das Entwicklungsgeschehen des Unternehmens Einfluss nehmen können. Die Einrichtung des Büros gilt als Statussymbol und es sollte gestalterisch auf Ihr persönliches Element abgestimmt werden. Sicherheit und Stabilität strahlen der ideale Schreibtisch und der Schreibtischstuhl mit deutlich höherer Rückenlehne und gediegenen Armstützen aus. Dieser Schreibtisch befindet sich im Raum möglichst weit von der Zimmertür entfernt, und zwar so positioniert, dass Sie die Zimmertür im Auge haben, mit dem Rücken zu einer Wand sitzen und in Ihre möglichst beste oder zweitbeste Online-Impuls-Himmelsrichtung blicken können. Im übrigen überladen Sie Ihr Büro und den Schreibtisch nicht mit Accessoires und sonstigen Gegenständen. Weniger ist in diesem Falle mehr, damit die Konzentration auf das wirklich Wesentliche nicht abgelenkt werden kann. Aus diesem Grunde sollte auf dem Schreibtisch die Bagua-Zone „Ruhm“ möglichst frei gehalten werden.

Ferner kann eine Chefin, die in einem starken elektromagnetischen Spannungsfeld oder auf einem geomantischen Störfeld an ihrem Schreibtisch sitzt, sich kaum optimal konzentrieren und auch keine optimalen Entscheidungen treffen.

Lassen Sie zumindest das Büro der Geschäftsleitung auf Störungsfelder prüfen. Zusätzlich gilt: Je symmetrischer der Grundriss und je weniger Türen sich im Büro befinden, desto besser.

Vitale Dynamik im Unternehmen als Erfolgsgeheimnis

Das Besorgniserregendste, das einem Unternehmen widerfahren kann, ist dauerhafte Disharmonie zwischen Personal und Führung. Bei schlechtem Betriebsklima bleibt die konstruktive Arbeit an Sachthemen auf der Strecke.

Energiefaktor und Harmoniefaktor = Company Harmony

Gezielte Förderung der betrieblichen Arbeitsplatzqualität schafft die Voraussetzung für effektives, harmonisches und erfolgreiches Arbeiten, da die Mitarbeiter mit der notwendigen Power und Vitalität versorgt sind und somit die anfallenden Aufgaben schneller und konzentrierter erledigen können.

Nicht nur in den technischen Werkshallen steuern Mitarbeiter komplexe Herstellungsmaschinen beziehungsweise auch Roboter, sondern auch in den kaufmännischen Verwaltungen werden komplexe EDV-Systeme bedient, die höchste Konzentration und Aufmerksamkeit von den Mitarbeitern erfordern.

Wenn nun ein kaufmännischer Mitarbeiter im Idealfall frühmorgens beispielsweise ein Konzentrationsniveau von 100 Prozent hat, ist dieses spätestens nach drei bis vier Stunden auf einem absoluten Minimum angelangt. Selbst Lkw-Fahrer müssen nach spätestens vier Stunden Fahrtzeit eine mindestens 30-minütige Pause einlegen, bevor sie weiterfahren dürfen. Der Büromitarbeiter nutzt zwar durchaus eine kleine Pause zwischendurch, aber richtig relaxen kann er kaum. Mittags hastet er zum Mittagstisch, wobei das Essen meist keine Erholung, sondern körperliche Beanspruchung darstellt, und setzt sich anschließend wieder in sein Büro, um seine vorgeschriebene Arbeitszeit von acht oder mehr Stunden abzusitzen! Auf die natürliche physische Leistungsfähigkeit und den Biorhythmus des Menschen wird kaum Rücksicht genommen. Jeder Mensch leidet am frühen Nachmittag über ein völlig normales und gesundes Leistungstief. Aber die Devise lautet: „Augen zu und durch." Wenn dann noch niedrige Ch'i-Energie, geringer Sauerstoffgehalt, geringe Luftfeuchtigkeit, mäßige Lichtverhältnisse, Raucherqualm oder sonstige baubiologische Beeinträchtigungen sowie Stress hinzukommen, liegt das persönliche Leistungsniveau dieser Mitarbeiter auf unter 30 Prozent. Und dabei soll irgend etwas Effizientes herauskommen? Eine Sekunde Unaufmerksamkeit, eine Null zu viel oder zu wenig, das kann unter Umständen schon große finanzielle Schäden anrichten.

Die Japaner und Amerikaner sind uns da mittlerweile um einiges voraus. Sie haben längst erkannt, dass die kaufmännischen Leistungsparameter und Aufgabenprofile sich wesentlich verändert haben. Um die geistige und körperliche Vitalität, Spannkraft, Motivation und Arbeitsfreude der Mitarbeiter zu stärken, werden entweder Relaxzonen für das kurze Nickerchen (Napping) zwischendurch mit oder ohne Entspannungsmusik eingerichtet oder die Mitarbeiter dürfen nach der Mittagspause maximal 30 Minuten ein kleines Nickerchen im Büro vornehmen. Mittlerweile wurde in Japan eine optimale Verhaltensregel erarbeitet: Um 13.30 Uhr sollten Sie eine Tasse Kaffee trinken. Die beste Zeit für den kurzen (!) Mittagsschlaf ist 14.00 Uhr. Da sollten Sie im Sitzen (!), nicht im Liegen, den Kopf für maximal 30 Minuten auf Ihren Schreibtisch legen und schlafen. Vergessen Sie nicht, den Wecker zu stellen. Völlig falsch wäre es, sich hinzulegen, denn anschließend kommen Sie nicht nur schwer wieder hoch, sondern benötigen zirka zwei Stunden, um wieder einigermaßen fit zu sein. Die vorherrschende Meinung, diese Zeit für die Entspannung der Mitarbeiter sei vergeudet und unproduktiv, ist mittlerweile überholt.

Abwechslung im Büro zwischen An- und Entspannung sowie kleine körperliche Übungen bewahren Ihnen eine hohe Konzentrations- und Leistungsfähigkeit.

Zur Steigerung der Harmonie und Leistungsfähigkeit sollten Sie auch die Elemente-Zuordnungen Ihrer Mitarbeiterteams auf ihre Verträglichkeit untereinander überprüfen.

Teamwork ist für den Erfolg eines Unternehmens entscheidend. Nur bei einem harmonisch agierenden Unternehmen finden sich Kunden heute und in Zukunft wohl. Kunde und Unternehmen liegen auf der gleichen Schwingungsebene: Dadurch steigen Kundenwert und Kundenbindung.

Ein angenehmer Nebeneffekt dieses harmonischen und vitalen Arbeitsumfeldes ist die Tatsache, dass die Fluktuationsquote und die Zahl der so genannten „inneren Kündigungen“ deutlich sinken, da die Mitarbeiter zufrieden und glücklich sind. Wenn Sie sich also abends erschöpft und gerädert auf Ihr wohlverdientes Zuhause freuen, ja, dann machen Sie nicht nur irgendetwas falsch, sondern Sie können diesen Zustand auch auf längere Sicht nicht Ihrer Gesundheit zumuten. In diesem Falle sind Veränderungen gefragt.

Vitalisierungseffekte „Raumklima und Beleuchtung“

Macht künstliche Beleuchtung krank? Falsche Beleuchtungskonzepte schlagen sich beim Lichtwesen „Mensch“ auf die Dauer nicht nur aufs Gemüt, sondern auch auf seine Leistungsfähigkeit und Gesundheit nieder. Blendendes und viel zu helles Licht ist nach Feng Shui negativ, da es den Sauerstoffgehalt im Raum reduziert. Zu spitze und kantige Lampen greifen den Menschen an. Deshalb sollte zu solchen Lampen wie zu Leuchtstoffröhren ein Abstand von mindestens drei Metern eingehalten werden.

Laut Repräsentativumfrage des Berliner Ergonomic Institute leiden 57 Prozent aller Schreibtischarbeiter unter den Folgen künstlicher Beleuchtung. Wie wichtig Licht (Tageslicht) im Büroalltag ist, ist längst wissenschaftlich erwiesen.

Tageslichtlose Großraumbüros dokumentieren nicht durchdachte Architektur. Achten Sie auf eine optimale Beleuchtung, denn arbeitende Menschen benötigen Tageslicht wie Blumen die Sonne! Wohngifte, verursacht durch schadstoffhaltige Möbel, verursachen ebenfalls ein schlechtes Raumklima. Fußbodenheizungen sind negativ, da sie den Menschen ständig elektronisch aufladen. Schimmelpilze werden in vielen Gebäuden häufig nicht bemerkt, da sie an Ch'i-armen Plätzen, wie hinter Möbelstücken oder in dunklen Ecken, zu finden sind. Vermehrte Allergien sind die Folge. Raumluftmessungen geben Ihnen hier wichtige Hinweise. Die richtige Raumtemperatur ist ebenso wichtig, denn häufig sind Büros überheizt, das heißt, die Mitarbeiter sind schneller müde und ausgelaugt.

Kontinuierlicher Lärm macht Menschen ebenso krank wie Lichtmangel.

Stellen Sie daher in Großraumbüros Paravents auf, um die Mitarbeiter vor den Geräuschen der anderen zu schützen. Ein weiterer Lärmschlucker sind Grünpflanzen, die immer gesund sein sollten. Sterbende Pflanzen (oft zu trocken) bedeuten Sha – schlechte Energie.

In jedem Büro sollte, selbstverständlich an der richtigen Position, ein Brunnen stehen, da er das Raumklima erheblich verbessert. Einzige Ausnahme: Ihr Element ist Feuer. In diesem Falle wäre es eher schädlich. Ein ziemlich neues, aber nicht außer Acht zu lassendes Thema sind Düfte. Düfte rufen Empfindungen hervor und steigern das Wohlbefinden sehr. Wichtig ist aber, dass die Düfte hundertprozentig naturrein sein müssen, da sie sonst negativ wirken. Ab und zu frische Blumen auf Ihrem Schreibtisch erhellen und erheitern Ihren Büroalltag, denn frische Blumen bedeuten positive Energie.

Kriterien für erfolgreiche Meetings

In Besprechungen, Sitzungen, Tagungen und Hauptversammlungen werden Entscheidungen mit weit reichenden Konsequenzen getroffen.

Unter welchen räumlichen und organisatorischen Rahmenbedingungen versucht wird, eine positive Atmosphäre zu gestalten, die Voraussetzung für erfolgreiche Gespräche und Geschäftsabschlüsse ist, ist oft erstaunlich. Besprechungskabinen ohne Fenster, ohne Pflanzen, ohne Bilder und mit unbequemen Sitzgelegenheiten und vielen weiteren Unannehmlichkeiten, also Räumlichkeiten, in denen Sie nicht mal einen Hund einsperren würden, sollen Basis für kreative und entscheidende Meetings sein. Viel Erfolg!

Umso wichtiger sind die Berücksichtigung bestimmter Faktoren, die in diesem Buch im Vorfeld behandelt wurden und die im Bereich von Besprechungen besonderen Einfluss auf Ihre Person nehmen, damit Ihre wichtigen Meetings auch zum absoluten Erfolg werden.

Zum Erreichen einer „Win-Win-Situation“ merken Sie sich die **5T-Meeting-Erfolgsfaktoren**:

Timing – günstige Zeitpunkte
(Tag, Monat, Jahr laut Feng Shui-Kalender)
Team – Personenkreis und wer hat den Vorsitz (Chefin)
Tagungsort – Besprechungsort und Raum
Table – Sitzordnung, Tischformen, Raumatmosphäre
und harmonische Raumgestaltung
Taktik – thematische Zielsetzung

Oberste Prämisse bei der Planung und Vorbereitung von Meetings ist die ganzheitliche Ausrichtung der Räumlichkeiten auf die Chefin/die Vorsitzende des Meetings. Sie ist Dreh- und Angelpunkt.

1. Timing
Jeder Tag hat günstige oder ungünstige Leistungsqualitäten. Der richtige Zeitpunkt für Ihre Besprechungen ist das A und O und sollte auch nicht dem Zufall überlassen werden. Hilfreich sind hierbei auch spezielle Feng Shui-Kalender, in denen Sie günstige Zeitpunkte für sich ermitteln können.

2. Team
Welche Mitarbeiter und Gesprächspartner nehmen an dem Meeting teil und wer ist Verhandlungsführer/-in? Letztere ist das allentscheidende Kriterium, auf den Zeit, Ort und das gesamte Konferenzumfeld energetisch ausgerichtet werden.

3. Tagungsort
Der beste Standort für Konferenz- und Meetingräume befindet sich im Nordwesten vom Zentrum des Firmengebäudes beziehungsweise im Süden für wichtige Verkaufsgespräche. Auch viele Details im Raumumfeld wie Stockwerk, Raumgröße und viele andere Faktoren wirken sich auf die Ch’i-Qualitäten im Raum aus. Bei großen externen Konferenzen,

wie zum Beispiel Jahreshauptversammlungen, sollten die für diese Veranstaltung verantwortlichen Mitarbeiter die Räumlichkeiten, das Umfeld sowie die optimale Sitzposition der Vorsitzenden prüfen.

4. Table

Bei der Sitzordnung sollte die Sitzposition der Vorsitzenden den Raum dominieren, das heißt, sie sollte mit dem Rücken zu einer Wand sitzen und die Tür im Visier haben. Zusätzlich sollte sie in eine ihrer vier Online-Impuls-Himmelsrichtungen schauen. Diese Kriterien bedeuten allein 85 Prozent des Sitzungserfolges. Prinzipiell kommen sämtliche Kriterien der Fünf-Tiere-Symbolik an dieser Stelle zum Einsatz, die bereits erläutert wurden. Ein harmonisches und hohes Ch'i-Energieniveau, mit frischen Blumen und förderlichen Accessoires wirkt auf den Gesprächsverlauf positiv, ebenso eine kreisförmige oder noch besser eine ovale Tischform, die eine entspannte Atmosphäre bei den Gesprächspartner fördert. Die subtile Wirkung einer ausgewogenen Raumausstattung und -ordnung, mit möglichst blauen Sitzen, mit geschlossener Rückenlehne, fördert das Kommunikationsniveau. Negativ und nicht gerade vertrauenserweckend sind Glastische.

5. Taktik

Um am Ende eines Meetings eine so genannte Zielharmonie zu erreichen, versuchen Sie neben den vorgenannten technischen und organisatorischen Basismaßnahmen Ihre Gesprächstaktik vorzubereiten. Hinsichtlich einer Taktik gibt es keine Feng Shui-Kriterien, mit Ausnahme der Tatsache, dass eine energetisch positive und angenehme Atmosphäre die optimalste Voraussetzung für den Erfolg bedeutet.

Letztendlich gelten natürlich die sonst üblichen Kriterien zur Vorbereitung von Meeting nach dem Motto: „Je besser und detaillierter ein Meeting vorbereitet wurde, desto optimaler sind die Ergebnisse." Häufig laufen dann die Gespräche wie in einem Film ab, der nur noch abgespult werden muss.

Einige Kriterien für produktive Meeting- bzw. Seminarräumlichkeiten

Zu berücksichtigende Aspekte:

Der Erfolg der Vorsitzenden/Referentin und die Produktivität bei den Zuhörern werden stark durch die Raumgegebenheiten und das Umfeld beeinflusst:

- Die Konzentrationsfähigkeit, der Gesamtüberblick der Vortragenden wird maßgeblich gestärkt,
- die Aufmerksamkeit und die Aufnahmebereitschaft der Zuhörer deutlich gefördert.

Verfügt die Vorsitzende über die psychologische Kommandoposition im Seminarraum?

- Die Vorsitzende hat die Tür im Blickfeld und befindet sich diagonal zur Tür hinten im Raum;
- im Rücken der Vorsitzenden befindet sich eine Wand (möglichst keine Glaswand oder Tür);
- die Vorsitzende blickt in eine ihrer positiven Online-Impuls-Himmelsrichtungen.

Die Auswahl und Gestaltung der Räumlichkeiten überlassen Sie möglichst nicht dem Zufall.

- Prüfen Sie im Vorfeld der Auswahl von Seminarräumlichkeiten die Raumstruktur, die Raumgestaltung, die Tisch- und Sitzordnungsmöglichkeiten.
- Auch ein ansprechendes, ausgewogenes Umfeld ist entscheidend für die Effizienz der Veranstaltung.

Was kann zur Steigerung des Energieniveaus und des Wohlfühlfaktors bei den Zuhörern nach Feng Shui-Kriterien unternommen werden?

Kapitel 10

Meine persönlichen Ziele und Aktivitäten

Feng Shui – der Geheimtipp für moderne Frauen

Der Mythos „Energie steht“ für Arbeitsvermögen Leistung, Motivation und Erfolg. Alles im Universum befindet sich in energetischer Bewegung und im Fluss beziehungsweise in kontinuierlicher Schwingung und Veränderung. Alles muss fließen, denn Stillstand bedeutet Tod, Rückgang und totes Kapital. Menschen, Tiere, Pflanzen, Materialien, unser ganzes Umfeld, Häuser, Räume bis hin zu Gegenständen, wie zum Beispiel dem Schreibtisch, und letztendlich auch alle unsere Aktivitäten erzeugen Schwingungen. Diese Schwingungen sind untereinander und miteinander vernetzt. Auch wir Menschen sind als Teil der Natur permanent in den Fluss aller Energien der Erde integriert.

Die Lebensenergie Ch’i ist die entscheidende Energie, die unsere Leistung und unser persönliches Wohlbefinden maßgeblich beeinflusst. Die taoistische Lehre der „Fünf Elemente“ oder auch „Fünf Wandlungsphasen“ ist eine der Grundvoraussetzungen für einen optimalen und harmonischen Ch’i-Energiefluss. Jedem einzelnem Element begegnen wir täglich durch Farben, Formen, Eigenschaften, Materialien, Nahrungsmittel, Geschmack und Gegenstände in Yin- und auch Yang-Qualitäten, die uns ganz unterschiedlich beeinflussen.

Viele unserer heutigen gesellschaftlichen, sozialen und wirtschaftlichen Problemstellungen sind energetischer Natur. Durch unsere nur noch schwach sensibilisierten Wahrnehmungsorgane werden wir zunehmend durch ein unnatürliches „künstliches Umfeld“ geprägt. Dieses wertvolle Wissen über die Wirkungsweisen der Naturgesetze erweist sich für die heutigen Herausforderungen in der Weltwirtschaft und selbst der digitalen Welt als brandaktuell.

Die Wiederentdeckung und Reaktivierung unserer fast schon verkümmerten natürlichen Wahrnehmungen unseres unmittelbaren Umfelds und der Umwelteinflüsse durch unsere fünf Sinnesorgane entwickeln sich als unverzichtbare Tugenden. Denn die detaillierte Beobachtung und intuitive Wahrnehmung sowie die Akzeptanz und Harmonie zu unserer sichtbaren und unsichtbaren Arbeitsumwelt kristallisieren sich verstärkt als maßgebliche Führungsqualitäten heraus.

Feng Shui-Wissende akzeptieren die Natur mit ihren unbeeinflussbaren Naturgesetzen und Kräften und nutzen diese positiven Kräfte für sich und ihre persönlichen und beruflichen Vorhaben. Diese ausgeglichenen, kraftvollen Menschen arbeiten auf allen Ebenen einfach smarter, glücklicher und viel effizienter als ihre gestressten, hektischen und schwerfälligeren Kollegen, weil sie ein höheres Energieniveau für sich in Anspruch nehmen.

Ein hohes, ausgewogenes Ch'i-Energieniveau von den Zehenspitzen bis in die letzten Haarspitzen fördert Ihr positives Charisma, das vor Dynamik, Lebensfreude, Schlagfertigkeit und Geschäftstüchtigkeit nur so strotzt. Das intuitive Bewusstsein über die Kräfte und Wirkungen Ihres jeweiligen Umfeldes und Ihr intuitives Verhalten in wichtigen Situationen die psychologisch beste Position einzunehmen, hilft Ihnen absolut.

Wer die energetischen Gesetze durch Feng Shui beherrschen lernt, der arbeitet automatisch auf einem höheren Leistungsniveau. Es gibt zahlreiche namhafte Beispiele, an denen deutlich wird, welchen Einfluss die Optimierung der Raumsituation auf die Effizienz der Mitarbeiter und der Unternehmen hat. Feng Shui wirkt inspirierend, motivierend und unmittelbar auf die Umgebung und auf die Menschen beziehungsweise Mitarbeiter, egal, ob diese davon wissen oder nicht.

Das Zusammenwirken aller inneren und äußeren Kräfte ist Grundlage für ein erfolgreiches Leben in Harmonie. Denn letztendlich prägt unsere unmittelbare Umgebung unser Denken und Arbeiten mehr, als uns eigentlich bewusst ist.

Zielenergie – klares und positives Zielbewusstsein

Eine positive Lebenseinstellung und positives Denken sowie Mentaltraining sind Grundvoraussetzungen für Glück und Erfolg im Leben und um gesetzte Ziele zu erreichen. Fehlende Motivation, Resignation, Niedergeschlagenheit und körperliche oder seelische Überforderung (Burn-out-Syndrom), aber auch der Alltagstrott verschleiern im Laufe der Zeit den Blick für Ihre wesentlichen Ziele. Alle Informationen, Gedanken, Gefühle, Wünsche und auch Ziele sind energetische Schwingungen und gestalten unser Leben auch lebendig. Je intensiver und realitätsnaher beispielsweise die Ziele in unserem Bewusstsein verankert werden, desto größer sind die Realisierungschancen. Für die Übernahme fremder Zielvorstellungen trifft dies natürlich nicht zu.

Je stärker, klarer und positiver Ihre Vorstellungskräfte in Ihr Zielbewusstsein eingehen, desto mehr Energie geht aus den Sehnsüchten hervor und sucht nach der Erfüllung im Außen.

Um die Dynamik Ihrer Ziele optimal entfalten zu können, müssen Sie einerseits nach Feng Shui die richtigen Akzente setzen, und andererseits ist es auch wichtig, genau zu unterscheiden, was mit dem eigenen Ich übereinstimmt und was Energie zur Erreichung der Ziele spendet oder raubt.

Wie Ziele nach Feng Shui gesetzt, aktiviert und erreicht werden, diese Geheimtipps vermitteln erfahrene Feng Shui-Berater Ihren Klienten.

Balance ist Glück

Die Kunst, ein glückliches und zufriedenes Leben zu führen, liegt nachweislich nicht in Macht, Geld oder Luxus im Überfluss, wie selbst Glücksforscher in einer aktuellen Studie ermittelten. Fast jeder jagt seinem Glück krampfhaft hinterher und versucht mit allen Mitteln und Möglichkeiten dem Glück auf die Schliche zu kommen – ohne nennenswerte Erfolge. Was nutzt rein materiell Orientierten Geld ohne Gesundheit, Liebe oder Zeit? Denn das Wichtigste im Leben lässt sich leider nicht mit Geld kaufen: Glück und auch Zeit. Denn Glück empfinden kann nur die Seele, nicht der Verstand, nicht der Bauch, der Kopf oder der Geldbeutel, so schrieb auch der Dichter des „Glasperlenspiels", Tennessee Williams. Glück ist die Balance von Körper, Geist und Seele. Aber zu viele Menschen überhören ihre innere Stimme, die sich nur leise meldet und sagt: „Halte inne, höre auch einmal auf die Seele, denn sie ist dein Motor aller Erfolge und das Unterpfand des persönlichen Glücks. Seelenfrieden, Gesundheit und Wohlbefinden, Liebe und Freiheit sind gegen kein größeres Glück auf diesem Planeten einzutauschen.

Schon die alten Chinesen wussten, dass Glück nichts mit blindem Zufall gemein hat, sondern einer exakten Bestimmung unterliegt – den ewigen Gesetzen der Harmonie. In der westlichen Weltanschauung warten die Menschen auf das große Glück, nach östlichen Philosophien aktivieren die Menschen das Glück.

Ziel des Feng Shui ist es immer, für alle Hausbewohner ein harmonisches Maß an Glück sicherzustellen. Wie sagt ein altes Sprichwort: „Trautes Heim – Glück allein"? Mit zahlreichen Tipps und Verbesserungsvorschlägen haben wir uns in verschiedenen Abschnitten dieses Buches befasst.

Feng Shui-bewusste Menschen entwickeln einen höheren Bewusstseinsgrad persönlicher Reife und Zufriedenheit durch ständige Balance mit ihrer Innen- und Außenwelt. Versuchen Sie dabei immer in Ihrem eigenen natürlichen Rhythmus zu stehen und Ihren Wohlfühlfaktor nicht von der Außenwelt dominieren zu lassen. Balance, Entspannung und Selbstreflexion öffnen Ihnen den Zugang zu Ihrer Seele.

Nun liegt es an Ihnen, Ihr Glück mit entsprechendem Augenmaß selbst in die Hand zu nehmen und es zu aktivieren! Sie kennen Ihre persönlichen Ziele und Wünsche in Ihrem jetzigen Lebensabschnitt und können Ihr ganzes (hohes) Energiepotenzial in die Realisierung fixieren.

Feng Shui-Beratung?

Warum eine Feng Shui-Beratung? Welchen Nutzen kann Ihnen eine Feng Shui-Beratung bieten?

Stockt Ihre Karriere oder suchen Sie einen neuen Job, haben Sie Probleme mit Ihrem Chef oder in Ihrer Partnerschaft oder wollen Sie einfach nur Ihr privates Umfeld harmonisch gestalten, so ist eine Beratung von großem Nutzen. Auch wenn Sie nach einem neuen Lebenspartner oder Freunden Ausschau halten beziehungsweise ein neues Haus planen oder beziehen wollen, ist eine Feng Shui-Beratung im Vorfeld sehr hilfreich.

Jede Person entwickelt im Laufe der Zeit eine gewisse „Betriebsblindheit“ in Bezug auf ihr persönliches Umfeld oder ihren persönlichen Wirkungskreis, sodass ein Außenstehender, ein Feng Shui-Berater, unvoreingenommen und aus einer anderen Sichtweise Schwachstellen aufspüren und logische und nachvollziehbare Lösungsvorschläge unterbreiten könnte.

Klassische Anwendungsbereiche für Feng Shui

Wünschen Sie sich Verbesserungen oder Veränderungen in den nachfolgenden Bereiche, so wird eine Feng Shui-Beratung sinnvoll und nutzbringend sein.

Feng Shui-Beratungsmaßnahmen sind zu empfehlen bei:

Privatbereich

- Unzufriedenheit mit der allgemeinen Lebenssituation
- Berufs- oder Karriereproblemen
- Grundstücksauswahl, Umzugs- oder Neubauplanungsabsichten
- Unbehagen in den eigenen vier Wänden
- niedrigem Wohlfühlfaktor und geringer Vitalität (Gesundheit)
- Schlafstörungen, mangelhaften Entspannungsmöglichkeiten
- Familien- oder Beziehungsproblemen oder ständiger Disharmonie
- Kinderlosigkeit
- Mangel an Ruhm, Anerkennung, Ansehen in der Gesellschaft
- Motivationsproblemen
- wenig Perspektiven und Chancen für die Zukunft (Karriereplanung)

im Geschäftsbereich

- Stagnation oder rückläufiger Geschäftsentwicklung
- Neubauplanung, Grundstücksauswahl, Umzug, Kauf/Miete von neuen Firmenräumlichkeiten/Niederlassungen (Beratungs- beziehungsweise Planungshilfen)
- niedriger Produktivität – latenter Unwirtschaftlichkeit (Analyse der Arbeitsplätze)
- mangelnder Kreativität – keiner optimalen Nutzung der vorhandenen Potentiale
- Führungsproblemen, Erfolglosigkeit und Management-Disharmonien
- niedriger Motivation – schwachem Teamgedanken
- schlechtem Betriebsklima
- überdurchschnittlichen Kommunikationsproblemen und Mobbing
- hohen Fehlzeiten
- hoher Mitarbeiterfluktuation
- mangelnder Kundenzufriedenheit (Kunden fühlen sich einfach nicht wohl)
- Marketing-Strategieproblemen
- Kundenschwund oder Lieferantenproblemen

Nicht selten suchen viele Frauen intuitiv zum für sie richtigen Zeitpunkt nach einem geeigneten Feng Shui-Berater, wenn entweder besondere private oder berufliche negative Einflüsse auftreten oder eine gewisse Reife und Aufnahmebereitschaft für solche ganzheitlichen Betrachtungen erreicht wird.

Feng Shui-Berater können durch eine Beratung Ihres Umfelds und gegebenenfalls auch Ihrer Firma Ihr Wohlergehen steigern. Durch den optimalen Energiefluss in Ihrer Firma und Ihrem Privathaus können Höchstleistungen erzielt werden. Dies wird auch immer wieder von Klienten bestätigt. Der hohe Nutzen steht in keinem Verhältnis zu den geringen Aufwendungen.

Wichtig und unerlässlich ist es, geprüfte, sprich: diplomierte Feng Shui-Berater zu beauftragen, denn nur diese können Ihnen qualifiziertes Fachwissen und Seriosität liefern. Feng Shui-Consulter gehen nach gewissen energetischen Richtlinien und in bestimmter Reihenfolge vor. Hier einige Auszüge aus einem detaillierten Feng Shui-Bericht. Viele andere Themen werden natürlich auch berücksichtigt werden müssen. Wichtige Eckpunkte, die individuell auf die Person(en) und die räumlichen Gegebenheiten berechnet werden müssen, sind beispielsweise:

- Landschafts-Feng Shui
- Fünf-Tiere-Symbolik
- Fünf-Elemente-Lehre
- Energiefluss-Analyse
- Bagua
- geobiologische Störfelder
- Ost-West-System

Dies sind nur einige wichtige Ausschnitte einer Feng Shui-Analyse. Eine Feng Shui-Beratung ist sehr komplex, setzt detailliertes Fach- und Berechnungswissen voraus und sollte nur von geprüften – diplomierten – Feng Shui-Beratern arrangiert werden. Auf meiner Homepage www.feng-shui-consulter.de können Sie hierzu weiterführende Informationen finden.

Nachlese

Durch die gravierenden Veränderungen der natürlichen Lebens- und Arbeitsbedingungen allein in den letzten 100 Jahren sind viele Menschen nicht mehr in der Lage, schädliche und blockierende Einflüsse in ihrem Umfeld wahrzunehmen beziehungsweise zu unterscheiden. Die Macht der Natur unterschätzen die Menschen von heute.

Sie haben nun eine erste Sensibilisierung erfahren, wie vielfältig Feng Shui im heutigen Alltag einen großen Beitrag zur Verbesserung des Klimas beitragen kann. Immer häufiger wird Feng Shui auch im Krisen-Management von multinationalen Unternehmen eingesetzt. Selbst in diesen schwierigen Geschäftsbereichen hat Feng Shui die Bewährungsprobe längst bestanden.

In der Hoffnung, dass Sie sich für diese – für europäische Verhältnisse nicht ganz alltägliche – Sichtweise begeistern können und einige interessante Anregungen für Ihr persönliches und berufliches Umfeld gefunden haben, würde ich mich freuen, wenn Sie es über einen bestimmten Zeitraum oder an bestimmten Stellen einfach ausprobierten. Auch persönliche Schwächen und Verhaltensformen wie ständige Gereiztheit, Überforderung, Schüchternheit können Sie durch eine gezielte Harmonisierung ausmerzen. „Learning by doing", wie die Amerikaner zu sagen pflegen! Schon nach recht kurzer Zeit werden Sie für sich die positiven Wirkungsweisen bei richtiger Anwendung erfahren. Wenn Sie Ihre Kenntnisse erweitern oder vertiefen wollen, können Sie dies entweder über weiterführende Literatur oder durch das Hinzuziehen eines Feng Shui-Beraters erreichen.

Ich wünsche Ihnen ein energiereiches, harmonisches und erfolgreiches Leben mit dieser uralten Harmonielehre!

Feng Shui-Glossar

Bagua – System der „Acht Trigramme“, das aus dem I Ging abgeleitet wird. Dieses System spiegelt die Lebenssituationen/Lebensziele wider.

Ch'i – auch Qi oder Prana genannt, ist positive, sanft fließende kosmische Energie und Sauerstoff, die überall enthalten ist und uns ständig umgibt. Ch'i ist weiblich und zieht Sauerstoff (männlich) an. Ch'i und Sauerstoff ergeben kosmische Lebensenergie (Leben).

Feng Shui – chinesisch, Wind und Wasser. Diese beiden Kräfte stehen für die Natur allgemein.
Seit etwa 4000 Jahren werden die Gesetze der Natur von Feng Shui-Meistern beobachtet. Ziel ist die Harmonisierung der kosmischen Lebensenergie Ch'i, die immer und überall um und in uns Menschen mal intensiver oder schwächer, mal positiv oder negativ strömt und unsere Leistungsfähigkeit beeinflusst.

I Ging – chinesisches Orakelsystem, Buch der Wandlungen, zur Befragung des I Ging dienen vorzugsweise Stäbchen aus Schafgarbe, um Hexagramme zu erzeugen. Diese Hexagramme bestehen aus zwei Trigrammen, das heißt sechs horizontalen Linien in den verschiedenen Varianten.

Lo Pan – ein komplexes Kompass-System, das in der traditionellen Feng Shui-Kompassschule verwendet wird. Die Zeichen, Ringe und Symbole sind Schlüsselwörtern für den Feng Shui-Experten.

Ming Tang – übersetzt: „heller Platz“. Der Ming Tang liegt an der Vorderseite des Hauses und bestimmt die Ausrichtung des Eingangsbereichs.

Sha – auch Sha-Ch'i genannt, ist negative, aggressive, krank machende Energie wie beispielsweise pilzhaltige, giftige Luft oder schnell fließende, absterbende Energie.

Tao – ein Begriff, der das Urprinzip der ganzen Schöpfung beziehungsweise den Urgrund aller Dinge wiedergibt. Dieser Begriff umfasst für die Chinesen alles, was existiert, letztendlich aber auch alles, was nicht existiert.

Trigramm – dreizeilige Zeichen, bestehend aus gebrochenen (Yin) und durchgehenden (Yang) horizontalen Linien, die Bausteine der 64 Hexagramme des I Ging. Jedes eine Trigramm hat eine tiefere Bedeutung und ganz bestimmte Energiequalitäten.

Yang – männliche Universalenergie, verkörpert den Himmel und den Tag. Nur ein Ausgleich von Yin und Yang ergibt eine positive Lebensenergie.

Yin – weibliche Energie der Schöpfung, Ursprungsenergie im Feng Shui ist das Yin und Yang. Yin steht zum Beispiel für die Erde und die Nacht.

Literaturhinweise

Frits Blok: I GING, DuMont Buchverlag, Köln 1997

Masaru Emoto: Messages from Water, HADO Kyoikusha, Tokio 1999

Angelika Faas: Intuition – zum rechten Zeitpunkt das Richtige tun, Herder, Freiburg 2000

Ingrid Fröhling/Bengt Jacoby: Vitalität und Gesundheit durch Licht, Falken, Niedernhausen 1998

Wilhelm Gerstung/Jens Mehlhase: Das große Feng Shui-Gesundheitsbuch, Windpferd, Aitrang 1997

Jes T. Y. Lim: Feng Shui & Gesundheit, JOY, Sulzberg 1997

Hans Mayer/Günther Winklbaur: Biostrahlen – Der Mensch im Strahlungsfeld von Kosmos, Erde und Umwelt, ORAC im Verlag Kremayr & Scherian, Wien 1989

Marc McCutcheon: Der Kompass in der Nase, Kabel, Hamburg 1991

Ellen Phillips: Erdenergien, Time-Life Books, B. V. 1991

Klaus Pickshaus/Klaus Priester: Gesundheit und Ökologie im Büro, Verlag der ökologischen Briefe, Frankfurt 1991

Anschriften

Adressen

Business Feng Shui Akademie
Tel. +49 (0) 25 73/95 79 88
E-Mail: *info@business-feng-shui-akademie.de*
Seminare und Workshops für Frauen

Feng Shui-Beratungen
Sonja Löbbert
Tel. 0180 FENGSHUI
E-Mail: *loebbert@t-online.de*

Weiterführende Internetadressen

www.feng-shui-consulter.de
www.business-feng-shui-akademie.de
www.beauty-feng-shui.de
www.feng-shui-boutique.de
www.business-feng-shui.de
www.garten-feng-shui.de
www.success-compass.de

Mein persönliches Feng Shui in Kurzform

Die vier positiven Online-Himmelsrichtungen:

AA ____________________ A1 ____________________

A2 ____________________ A3 ____________________

Die vier negativen Offline-Himmelsrichtungen:

D1 ____________________ D2 ____________________

D3 ____________________ D4 ____________________

Mein persönliches Element: ____________________

Mein Trigramm und die Kua-Zahl: ____________________

Passende Accessoires: ____________________

Fördernde Farben: ____________________

Das Element meines Partners: ____________________

Elemente meiner Kinder: ____________________

Das Element meiner Branche: ____________________

1940 M	1949 E	1958 E	1967 F	1976 F	1985 H
1941 M	1950 M	1959 E	1968 E	1977 F	1986 F
1942 W	1951 M	1960 M	1969 E	1978 E	1987 F
1943 W	1952 W	1961 M	1970 M	1979 E	1988 E
1944 H	1953 W	1962 W	1971 M	1980 M	1989 E
1945 H	1954 H	1963 W	1972 W	1981 M	1990 M
1946 F	1955 H	1964 H	1973 W	1982 W	
1947 F	1956 F	1965 H	1974 H	1983 W	
1948 E	1957 F	1966 F	1975 H	1984 H	

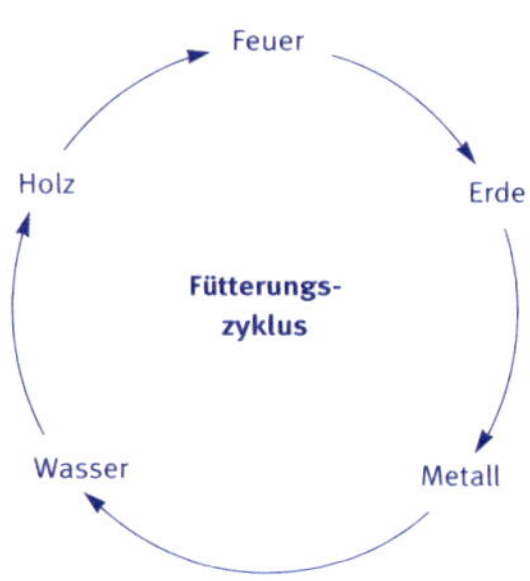

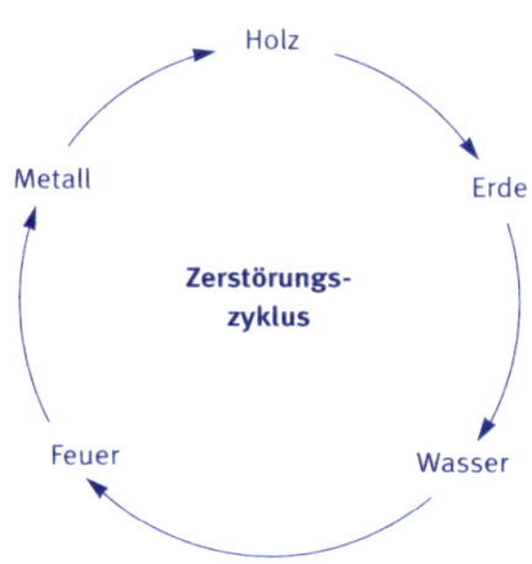

Basis-Bagua

Wohlstand	Ruhm	Partnerschaft
Familie	Tai-Chi Zentrum	Kinder
Wissen	Karriere	hilfreiche Freunde

Eingang

Bitte beachten Sie die folgenden Seiten